中國傳統 經典與解釋
Classici et commentarii

中國傳統 經典與解釋

　　入其國，其教可知也……其爲人也：溫柔敦厚而不愚，則深於《詩》者也；疏通知遠而不誣，則深於《書》者也；廣博易良而不奢，則深於《樂》者也；絜靜精微而不賊，則深於《易》者也；恭儉莊敬而不煩，則深於《禮》者也；屬辭比事而不亂，則深於《春秋》者也。

　　　　　　——《禮記·經解》

中國傳統 經典與解釋
Classici et commentarii

廖平集
劉小楓 潘林 ● 主編

春秋左傳杜氏集解辨正

廖平 ● 著　　陳緒波 ● 校注

華東師範大學出版社

華東師範大學出版社六點分社　策劃

出版説明

廖平（1852—1932），四川井研縣人。初名登廷，字旭陔，後改名平，字季平。初號四益，繼改四譯，晚號六譯。早年受知張之洞，補縣學生，後中舉人、進士。歷任龍安府教授、松潘廳教授、射洪縣訓導、綏定府教授，並先後主講井研來鳳、成都尊經、嘉定九峰、資州藝風、安岳鳳山等書院。1898年參與創辦《蜀學報》，擔任總纂，宣傳維新思想。1911年任《鐵路月刊》主筆，鼓吹"破約保路"。四川軍政府成立，任樞密院院長。後任四川國學學校校長，兼任華西大學、成都高等師範學校教授。1932年去世，獲國葬待遇。

廖平早年受張之洞和王闓運等人影響，於乾嘉考據、宋學義理等無所不窺，後專心探求聖人微言大義，由此開始其漫長的經解事業。廖平一生學凡六變，著述逾百種，以經學爲主，兼及史學、小學、醫學、堪輿等，有《四益館經學叢書》《六譯館叢書》等傳世。

廖平在經學史和近代思想史上的重要地位毋庸置疑，由於學界長期關注曾參與重大政治事變的大儒，加之廖平經學一向以"精微幽眇"著稱，其學術思想長期未得到足夠重視。近年來，學界關於廖平及其學術思想的研究取得了一定的成果，也整理出版了廖平的系列著述，尤以2015年出版之舒大剛和楊世文主編的點校本《廖平全集》爲代表。然古籍僅點校爲止，則故書仍然是"故書"，不便於當今廣大讀者研習。我們的企望是，通過箋注使故書焕然而爲當今嚮學青年的活水資源。

本"集"整理廖平著述,除收入廖平生前所編《六譯館叢書》中的幾乎所有文獻外(不含輯錄的個別前人文獻),同時盡可能地收録《叢書》之外的廖平文獻,定名爲"廖平集",分册陸續出版。鑒於《六譯館叢書》編目較爲雜亂,《廖平集》依體例和篇幅大小重組。多部著述合編爲一册者,或者歸類命名,或者以篇幅最大者具名,涵括相關短篇。具體整理方式是:繁體横排,施加現代標點,針對難解語詞、人物職官、典章制度、重要事件等作簡明注釋。

古典文明研究工作坊
中國典籍編注部丁组
二〇一七年二月 初稿
二〇一九年十一月 修訂

目　錄

校注前言 / 1

春秋左傳杜氏集解辨正 / 1

《春秋左傳杜氏集解辨正》二卷提要 / 2
《春秋左傳杜氏集解辨正》上卷 / 5
　　隱公篇第一 / 5
　　桓公篇第二 / 29
　　莊公篇第三 / 46
　　閔公篇第四 / 62
　　僖公篇第五 / 63
　　文公篇第六 / 87
《春秋左傳杜氏集解辨正》下卷 / 104
　　宣公篇第七 / 104
　　成公篇第八 / 115
　　襄公篇第九 / 124
　　昭公篇第十 / 139
　　定公篇第十一 / 152
　　哀公篇第十二 / 155

《春秋左傳杜氏集解辨正》補遺 / 161
主要參考書目 / 164

校注前言

廖平是晚近著名的經今文學家,在中國經學史和近代思想史上都佔有重要地位。"廖平的經學研究,'長于《春秋》,善説禮制'。他的《春秋》學著述頗豐,計有《春秋》類八種、《公羊》類六種、《穀梁》類九種、《左傳》類二十三種,凡四十六種。"① 諸類之中,尤以左氏著述爲衆。《春秋左傳杜氏集解辨正》成書於光緒十八年(1892),是書又名《左氏春秋杜注集解辨正》、《杜氏集解辨正》、《左氏集解辨證》等。全書分上下兩卷,每卷六篇,每篇一公,上下兩卷凡十二公。上卷爲隱公、桓公、莊公、閔公、僖公、文公六公,下卷爲宣公、成公、襄公、昭公、定公、哀公六公。此外,又有《左氏集解辨正補遺》一卷,是對《辨正》的補充。增補內容凡八條,其中莊公三條,成公五條。《補遺》內容、風格與《辨正》一致,但在體例上略有不同。

從全書來看,廖氏先引經文、傳文,其次再節録需要辨正的杜預注文,最後則是廖氏的"辨正"內容。廖平是清末民初著名的經今文學家,"其書大旨,在箋砭杜氏以例説經之失。凡杜氏詮釋經傳未有愜者,皆分別條録之而爲之辨証。詳其所論,類皆中理。……治《春秋左氏傳》者,實可資爲參考焉。"②《春秋左傳杜氏集解辨正》主要有光緒三十三年(1907)四益館鉛印本、民國二十四年(1935)自刻本。本書所録,即據《續修四庫全書》經部所收

---

① 趙沛:《廖平春秋學研究》,巴蜀書社,2007 年,第 2 頁。
② 《續修四庫全書總目提要‧經部‧春秋類‧左氏春秋杜注集解辨正》,中華書局,1993 年,第 709-710 頁。

光緒本整理。《左氏集解辨正補遺》一卷,《四譯館叢書》未收錄,《廖平全集》亦未收錄,今所見者有國圖藏本。本書所錄,即據國圖藏本整理。

　　在校注過程中,本書參考了舒大剛、楊世文二位先生主編的《廖平全集》等書的點校成果,尤以邱進之教授校點的《春秋左傳杜氏集解》參考爲多,實受益匪淺。本書的校注體例分述如下:

　　一、全書採用繁體橫排,施以現代標點,於難解字詞、人名地名、典章制度、引文出處等,作必要的注釋。

　　二、正文中,廖氏所節錄經文、傳文用小四號加粗宋體字,杜預注文用小四號宋體字,廖平辨正內容和校注者新增注釋用小五號宋體字,廖平雙行小注改爲單行排列,用小六號宋體字(此類內容極少)。新增注釋文字較短者採用隨文夾注,外加圓括號(單獨注音除外);文字較長者及校勘記,採用腳注形式。

　　三、凡底本中的譌、脱、衍、倒文字,一般出校説明;但如果僅是筆劃小誤,如曰曰、戊戌、己巳等之類混淆,則徑改不出校。

　　四、凡原文中爲避聖諱、清諱所改字,徑予回改,不出校記。

　　五、凡古今字、異體字、通假字,一般保持原樣。爲規範起見,將舊字形悉改爲新字形。

　　六、爲便於排版和閱讀,刪去了原有版心文字,頂格、退格等亦改爲現代通行方式。

　　七、原有分段者,一般保持原樣。原無分段的長篇文字,按文意酌情分段。

　　八、對於書中引文,盡量查明原始出處,並將主要參考書目及其版本情況附書末。

　　整理者學識有限,書中疏謬難免,尚祈方家是正。

　　(本書係重慶大學中央高校基本科研業務費資助項目階段性成果,項目批准號:106112015CDJSK47XK21。)

春秋左傳杜氏集解辨正

丁未(光緒三十三年)孟夏四益館述

《春秋左傳杜氏集解辨正》二卷提要
見《井研縣藝文志·經部》

東漢治《左氏》者，與《公》、《穀》相同，本傳義例所無，皆引二傳相補，如《釋例》(杜預《春秋釋例》)中所引許(許慎)、賈(賈逵)諸條可證。杜氏後起，乃力反二傳，譏漢師爲膚引(淺近的援引)，頗與范氏《集解》(范寧《春秋穀梁傳集解》)同。考舊説，以義例歸本孔子，杜則分爲四門，以"五十凡"爲周公舊例，不言"凡"爲孔子"新例"，例之有無，以本傳明文爲斷。凡"五十凡"及"新例"之外，皆以爲"傳例"。有從赴告魯事，前後相反，不能指爲赴告，則云"史非一人，各有文質"。一國三公，何所適從？又即所云"新舊例"言之，"五十凡"有重文，有禮制，於今無關，幾及十條。且無"凡"皆爲言"凡"所統，偶有"凡"字以爲周公(周公舊例)，偶無"凡"字以爲孔子(孔子新例)，何所見而云然？

且同盟以名(與魯同盟，諸侯薨則赴以名，經書其名)，不同盟不名(非魯同盟，薨則不以名赴，經不書其名)，三條皆爲解滕、薛、杞三小國而發，曹、莒以上并無其文。所謂不同盟者，謂小國不以同盟待之，非爲大國言也。除三小國(滕、薛、杞)與秦、宿，更無不名之事。杜不悟其理，於各國之卒，必推考其同盟，本身無盟，求之祖、父，不亦誤乎！

大例之外，其誤説文義者，如"豫（預測）凶事（凶喪之事），非禮也"（隱公元年傳："贈死不及尸，吊生不及哀，豫凶事，非禮也。"）六字，文見《説苑》①，謂喪禮衾qīn絞（喪禮入殮時覆蓋尸體的衾被和裹束尸體的束帶）衰裳（即喪服，居喪時所服。《儀禮·喪服》："喪服，斬衰裳。"鄭玄注："凡服上曰衰，下曰裳。"）不豫制（預先制好），所以解天子、諸侯、大夫、士必數月而葬之故（隱公元年傳："天子七月而葬，同軌畢至；諸侯五月，同盟至；大夫三月，同位至；士踰月，外姻至。"），杜乃以爲子氏（杜預以爲"子氏"爲仲子，魯桓公之母）未薨而吊喪，至流爲笑柄。又"弑君，稱君，君無道；稱臣，臣之罪"（宣公四年傳："凡弑君，稱君，君無道也；稱臣，臣之罪也。"杜注以爲傳例）。"稱君"當爲"稱人"。杜不知爲字誤，就文立訓。春秋弑君，正文有不稱君者哉？又何以別於稱臣也？又"帛君"（隱公二年經："紀子帛、莒子盟于密。"杜注云："子帛，裂繻字也。"杜預以爲紀子帛即紀國大夫紀裂繻，子帛爲其字，而非紀國國君。廖平以爲非）爲"伯尹"之異文，以"帛"爲裂繻字，是大夫序諸侯上，小國大夫亦同稱"子"矣。"君氏"爲子氏，又何以解尹氏、武氏連文之傳耶？蓋經本作"尹"，無傳，傳所記"君氏卒"爲魯事，不見經，後人誤以傳之"君"即經之"尹"，杜氏誤合之，稱夫人爲"君氏"，何嘗有此不辭之文！此類悉加辨證，與《釋例評》（廖平撰，又名《杜氏左傳釋例辨正》）相輔而

---

① 《説苑》又名《新苑》，西漢劉向編撰，原二十卷，後僅存五卷，大部分已經散佚，後經宋曾鞏搜輯，復爲二十卷，主要是按類記述春秋戰國至漢代的遺聞軼事，每類之前列總説，事後加按語。本书以記述諸子言行爲主，不少篇章有關於治國安民、家國興亡的哲理格言，主要體現了儒家的哲學思想、政治理想以及倫理觀念。其中《修文》篇云："贈死不及柩尸，吊生不及悲哀，非禮也。"

行,可謂杜學之箴砭也。

　　四譯館自序。

《春秋左傳杜氏集解辨正》上卷

隱公篇第一

傳：孟子(魯惠公夫人。孟,排行。子,姓。孟子爲宋女,故爲子姓)卒。

不偁(同"稱",下同)"薨"(hōng,諸侯之死曰"薨",諸侯之夫人或母夫人死亦曰"薨"),不成喪(喪禮不完備。孟子之喪,未赴告於諸侯)也。

此傳便文耳,不可以經例説之。又,夫人例偁"薨",不能因儀節而改名偁。傳例有通例,有專説,因不成喪而變魯法,此專説一事,別有微意,不可推于別條。

經：元年,春,王正月。

隱(魯隱公)雖不即位,然攝行君事,故亦朝廟(或稱"朝正"。諸侯每月必告朔聽政,因朝宗廟)、告朔(或稱"告月",諸侯於每月朔日所行告廟聽政之禮)。告朔、朝廟例在襄二十九年。(襄公二十九年傳云:"二十九年,春,王正月,公在楚,釋不朝正于廟也。")

元年,正月,無事必書者,爲不書"即位",見所謂謹始也。不爲朝廟、告朔而書,朝廟、告朔常事也,一年須行十二次,史據此而書,經則常事不書。襄二十九年傳別有義,不可推以説此條。襄二十九年,經書"公在楚",傳以爲"釋不朝正于廟"也。按傳以"釋不朝正"解書"公在楚",非以解書"春,王正月"也,故僖五年傳言"公視朔",而經不書"春,王正月",此明証也。杜氏誤立"朝正、告朔"乃書"王正月"之例,雖襲漢師之説,究屬非是。

經①：鄭伯(鄭莊公)克段(太叔段，莊公母弟)于鄢(yān，鄭邑，在今河南省鄢陵縣)。

言段強大雋(jùn，通"俊"，下同)傑，據大都(都邑之大者，此指京邑，段封於此，號稱京城太叔)以耦國(都如國，謂大城足與國都相抗衡)，所謂"得雋曰克"(莊公十一年傳："得儁曰克。")也。

傳"雋"乃"獲"之誤字，以爲"雋傑"，誤。詳莊十一年。

經：秋，七月，天王(周平王)使宰咺(xuān。宰，官名。咺，名。宰咺，周王卿士)來歸(kuì，贈送)惠公(魯惠公，隱公、桓公之父)、仲子(惠公夫人，桓公之母，此時尚未死)之賵(fèng，助喪用的車馬束帛等財物)。

婦人無謚(shì，同"諡"，謚號)，故以字配姓。

以字冠姓，內、外女(魯女爲內女，他國之女則爲外女)在生之通偁，非死乃如此，不當以謚言之。謚當爲爵。生者同以字配姓，傳以爲未薨，不當言謚。

歸者，不反之辭。

經"歸"讀同"饋"，非"歸入"之"歸"。但泛言"歸"例，則"歸"爲得所之辭，非爲不反也。

經：冬，十有二月，祭zhài伯來。

祭伯，諸侯爲王卿士者。祭，國。伯，爵(天子以下有公、候、伯、子男五等爵位)也。

祭爲內諸侯(畿內諸侯)，非外諸侯(畿外諸侯)也。祭，采國。祭公爲三公，祭伯爲監大夫。氏祭(以祭爲氏)以見爲祭公族，王臣耳。"伯"非爵，與"仲、叔、季"同爲字，所謂"天子大夫不名"(《穀梁傳》定公十四年："天子之

---

① "經"字原無，今據文例補。

大夫不名。")，非爵也。

經：公子益師（魯孝公之子，字衆父）**卒。**

《春秋》不以日月爲例，惟卿佐（輔佐之臣）之喪獨託日以見義者，事之得失，既未足以褒貶人君，然亦非死者之罪，無辭可以寄文，而人臣輕賤，死日可略，故特假日以見義。

傳有日月例三條，漢師同于二傳（《公羊傳》與《穀梁傳》，下同），杜亦有數條。但傳詳事實，經例出于説微，多未詳備，當據以推補，不可駁之。説詳《補例》篇。

此條爲日月例明文，此外尚多。漢師所以言日月例者，蓋據本傳，非襲用二傳。杜"惟卿佐之喪"以下云云，明説日月有例，故《釋例》（杜預《春秋釋例》，下同）亦多此義，是左氏非無其例，特傳詳事實。經例出于師説（漢代經師之説），此本采録未備，不如二傳之詳耳，當據以推補。

杜既云卿佐喪有此例，其云"《春秋》不以日月爲例"者，是自相矛盾矣。杜氏解經，惡難好易，是其病根，未嘗不知本傳大例同于二傳。三家同説一經，宏綱巨領，具有本源，不能自異，故於二傳簡易明白之條盡用之。至于繁難之例，二傳先師所不能瑩澈（瑩潔透明，此指解釋清楚）者，欲用之則心多未安，欲補之則力有不足，于是悍然不顧，倡言無此例，然後可以化險阻爲坦途。而其私心難昧，知不能如此魯莽，一切不顧，則又首鼠兩端，故此云無此例，而他條及《釋例》中屢言日月例。不知經學當苦心耐勞，極力求通，不可趨求捷徑。如其以例難通，則可通者通之，疑者闕之，尚不失爲謹慎之道。

杜氏《釋例》，每條中可通者通之，不能通者皆以爲無義例，是于聖經去留參半，取舍兩岐，直是甄別經文而已。且屬存疑，後人可以補苴（jū，補綴）；別無依據，師心（以心爲師）自用，臆分孰爲有例無例，孰爲已修未修，安知所駁不爲經之要例乎！使有人專與杜氏爲難，盡變其説，杜氏不能謂已"親見實書，備知修改"。原文經文實不一律，中多不可依據，必於難通之條，實得平易之理，申本傳之佚説，刊何君之游詞，足見三傳盡屬相同，二傳所有之例,皆《左傳》所本有,乃爲得也。

傳:春,王周正月。
言"周"以別于夏、殷。

傳以"周"字釋"王"字,謂"王"即"周"字耳。經不舉"周"號,以"王"舉"人",如"周人"儷"王人"是也,非以別于夏、殷。

傳①:不書(不書于經,下同)**即位,攝**(攝政)**也。**
假攝君政,不修即位之禮,故史不書于策。

"即位"者,受終繼立之名,亦即《通鑑》(即《資治通鑑》)所云"即皇帝位",如《世家》云"子某立",并非元旦升殿受朝也。杜云不修其禮,直以"即位"爲御殿之儷,則《春秋》十二公何以元年乃受朝,以外二百四十年皆無一元旦修禮者乎?即此一端,已見其誤。傳言"不書"者,謂實有其事,而《春秋》不書耳。"即位"紀公之始,必于元年一書,然後公乃實于尸柩。之前(新君)于去年已即位爲君,一年不二君,故于元年乃言之,全不關其御朝不御朝也。杜説直不知"即位"之名義,例更不足言已。

傳:夏,四月,費bì**伯**(魯大夫)**帥師城**(築城)**郎**(魯邑,在今山東省魚臺縣)**,不書,非公命**(魯隱公之命)**也。**
傳曰"君舉必書"(語出莊公二十三年傳),然則史之策書皆君命也,今不書于經,亦因史之舊法,故傳釋之。諸魯事,傳釋"不書",他皆放(同"仿",下同)此。

據杜此説,分經與史爲二是也,他條直以史法説經,則非矣。此傳杜亦以爲經不書者,因孔子時不能以公命赴告爲據,故以爲史法。

此本師不以空言説經之例也。凡二傳"常事不書"、"見者不復見"諸例,

---

① "傳"字原無,據文例補。

直言筆削而已,本師懲(恐也,懼也)空言流弊,恐失其真,故多假託史法言之。此經之史例,非史之史例也。

此事魯史本書,經削之。魯史有經而無傳者,據魯史立言。如杜氏實未書于史,則直以魯史于魯事,每年或一二書,多者亦不過十餘事,殊非情理。況經"非公命"而書者多,實"公命"而不書者更多。若泥于"公命"之言,則是二百四十年魯史實只萬餘字,豈得更云魯史耶?

傳:鄭伯克段于鄢。段不弟,故不言"弟";如二君,故曰"克";稱"鄭伯",譏失教也;謂之鄭志,不言出奔,難之也。

傳言夫子作《春秋》,改舊史以明義。不早爲之所(所,處所,地方。早爲之所,猶言及早處置)而養成其惡,故曰"失教";段實出奔(段後出奔共)而以"克"爲文,明鄭伯志在于殺,難言其奔。

按,杜以史本書"鄭伯之弟出奔衛",經言"鄭伯克段于鄢",爲《春秋》改舊史是也。但以傳言"書曰"者爲孔子新義,于書"凡"諸條皆以爲周公舊例、史之成法,則大非。蓋言"凡"者是總例,不言"凡"者,偶爲變文,或爲單舉,不可于中妄分新舊。如此傳"如二君,故曰'克'",即"得獲曰克"之變文,後因總發"戰"、"伐"、"攻"、"取"之全例,故言"凡",非言"凡"有不同。杜欲言《春秋》改舊史,則當規畫一定,以經義説之,全爲孔子筆削;乃于難通之條,則以爲仍舊文,無義例,是《春秋》半爲史文,半爲孔子所改,説已參差。若能以所不改爲合于己意,無論新舊,同源共貫,亦無不可。今乃以不合常例之條,概爲史文舊法,孔子當日何不改之以成一律?不能整齊,則不必輕改;既已筆削,則不應半途而廢。且治經原貴于通,若以爲半可通,半不可通,則人以我之不可通者爲正例,又將以我之通者爲不可通矣。如此説經,直同兒戲。

傳：緩①，且子氏未薨。

子氏，仲子也。薨在二年（隱公二年經："十二月，乙卯，夫人子氏薨。"）。

經，夫人死稱"薨"，葬後舉謚，生前則直曰"某氏"。經云"仲子"，考宫（隱公五年經："九月，考仲子之宫。"）亦曰"仲子"，是無謚，爲妾母（僅夫人葬後有謚號，仲子死後無謚，故言仲子爲妾母），妾母不偁"薨"。傳云"未薨"者，謂其爲妾，不得偁"薨"。禮不贈人之妾，故名之。"未薨"，謂不如成風（莊公之妾，僖公之母）偁"薨"，則不應贈，非謂未死，以下子氏當之。

"仲子"當從《穀梁》，以爲惠公之母，如僖公成風之比，傳所謂孝（魯孝公）、惠（魯惠公）娶于宋也，與桓公母仲子别爲一人。"仲"爲行字，宜多同者，經魯同時有兩子叔姬是也。故傳云"桓公生，而惠公薨"（隱公元年傳："生桓公而惠公薨。"），不及仲子，則仲子卒必去薨時少遠也。

傳②：豫凶事，非禮也。

仲子在（未卒）而來贈（贈送助喪之物），故曰"豫凶事"。

"豫凶事"與上"天子七月"（隱公元年傳："天子七月而葬，同軌畢至。"）云云，《説苑》引《穀梁》亦有其文，是古别本《穀梁》與傳同，乃解天子、諸侯七月、五月之故。《王制》："衾絞衰 cuī 麻，死而後制。"③天子、諸侯尊，儀物備，葬期久，如未死而制，是豫凶事。且《説苑》所引傳文乃説葬王，非謂仲子事，杜説誤。

---

① 緩，緩慢也。惠公之死，不知何月。春秋時，舊君死，新君逾年始稱元年。此時是隱公元年七月，則已逾年矣。按傳義，諸侯歷五月而葬，今已逾年至七月，始來餽贈助喪之物，故曰"緩"。
② "傳"字原無，據文例補。
③ 衾者，始死時所用之斂衾，用來覆尸。絞，即絞帶，古代喪制斬衰服所繫之帶，絞麻爲繩而成。衰麻，即衰衣麻絰。衰衣，指喪服，即斬衰、齊衰、大功、小功、總麻五等喪服。麻絰，即古代用麻做的喪帶，在頭上爲首絰，在腰間爲腰絰。

傳①：**夷**(國名,妘姓,故城在今山東省即墨市西)**不告**(不赴告於魯),**故不書**(不書於經)。

隱十一年傳例曰："凡諸侯有命,告則書,不然則否。"史不書于策,故夫子亦不書于經。傳見其事,以明《春秋》例也。他皆倣此。

赴告爲經例,非史例。本師懲空言之弊,經例書者以爲赴告,例所不書者以爲不赴告。傳有不赴告而書者,又有赴告而不書者,據此可見此經例赴告,非史例也。既爲經作傳,則當全以孔子爲主,不必兼言史例,使後學迷罔。惟當日孔子筆削《春秋》,其説甚明,又經決非魯史之舊,亦甚顯著,故不嫌于假借史法。如經中無伯、子、男,小國則不妨假借伯、子、男以爲名號。杜氏好自立異,以爲依據傳文,實則泥于文字,大失本意。杜以史法不合于經者,《春秋》亦仍而不改,則經不純經,史不純史。此説一開,則《春秋》全爲"斷爛朝報"(《宋史·王安石傳》："黜《春秋》之書,不使列於學官,至戲目爲斷爛朝報。"),不可以義例説之。杜氏尚承舊學,必于難通之條乃言無義例。後人變本加厲,宋、元諸儒并于杜氏之所謂可通、有義例者皆駁之,以爲全無義例。其父殺人,其子必且行劫,皆杜氏爲之備也。

俗説以左氏爲史官,傳爲史文。杜云傳之所據惟策,可知傳不可以史説之。左氏者,七十子之徒,專詳事實,以補口説所不足,非史官史文,故經事多缺而經外之事反詳。杜以五十凡爲周公垂法、史書舊章,則全以史法説《春秋》矣。左氏不言"凡"之例本與"凡"同,以言"凡"爲周公例,不言"凡"爲孔子例。周公作,孔子述,則《春秋》全爲鈔襲史例,孔子不出一謀、發一慮。先儒以爲言"凡"、不言"凡"無新舊之異是也。

傳：公立而求成(解怨結好也,今言媾和)**焉**。

經無義例,傳直言其歸趣(指歸,意向)而已。② 他皆

---

① "傳"字原無,據文例補。
② 阮刻本"傳"前有"故"字。"趣",阮刻本作"宿",校勘記云"作'趣'與杜序合"。

傚此。

傳言"始通"(傳云:"九月,及宋人盟于宿,始通也。")者,釋其事,例則未詳。按,傳于言"及"、言"會"有"凡"(宣公七年傳云:"凡師出,與謀曰'及',不與謀曰'會'。");又,大夫不書名爲貶,皆有明條,非無義例。此未言者,義例詳後耳。傳偶不言,非遂無義例。

經無有無義例者。傳之解經,多言一端,義例、事實,史文不皆全説。杜于經下、注下皆微者。又,"凡盟以國者,例在僖十九年"云云,言義例者三,于傳下乃云"無義例",立言未審,當云"傳義例在後,此直言其歸趣而已"。

經:二年,春,公會戎于潛(魯地,在今山東省濟寧市西南)。

戎、狄、蠻、夷,皆氏、羌之別種也。戎而書"會"者,順其俗以爲禮,皆謂居中國若戎子(戎人首領)駒支(戎子名)者。陳留濟陽縣(治所在今山東省曹縣西北)東南有戎城。潛,魯地。

《春秋》,公諱會戎、狄,隱、桓世不見夷狄國,知此非實戎。杜以爲戎種居中國則當繫地,不繫地則不可以濟陽戎地當之。《春秋》之例,四裔(西戎、北狄、東夷、南蠻,皆居中原九州之外者)國不見經。凡中國之夷,皆以地繫,如伊雒戎、陸渾戎、山戎,乃爲真戎。不繫地,非真戎矣。

經:夏,四月,莒(國名,己姓,舊都介根,在今山東省膠州市西南,後遷莒,在今山東省莒縣)人入向(國名,姜姓,今山東省莒縣南七十里有向城)。

將卑師少(將領地位低,軍隊人數少)稱"人"。

"將卑師少稱'人'",本傳無文,二傳例也。① 杜氏譏先儒膚引二傳,則已不應引據爲説。今乃合己者引用,不合己者遂駁之,不惟不足以服先儒。後人不審其詳,妄謂本傳無明文者,不可用二傳,不知據二傳以補《左》例,杜氏實已如此也。

經:九月,紀裂繻(xū。裂繻,紀大夫)來逆女(紀君娶魯惠公女,裂繻爲之來逆)。

逆女或稱"使",或不稱"使"。昏(同"婚",下同)禮不稱"主人",史各言②其實而書,非例也。他倣此。

大國稱"使",小國不稱"使"。傳云大夫出奔,"有玉帛之使"乃書(宣公十年傳云:"所有玉帛之使者則告,不然,則否。"),即言此。本傳自有明條,何云"非例"?"昏禮不稱'主人'"(《穀梁傳》隱公二年云:"何以不稱'使'?婚禮不稱'主人'。"),乃《公羊》後師誤説,不求本傳實解,而膚引《公羊》誤説,乃駁先儒之用二傳,過矣。其云"史各隨其實而書"者,蓋不能正《公羊》之誤,故歸之于史,則其所謂史者,不過因不通其説。豈知此固經例,非不可通者耶?

經:紀子帛、莒子(莒國國君)盟于密(莒邑,在今山東省昌邑縣東南)。

子帛,裂繻字也。莒、魯有怨,紀侯既昏于魯,使大夫盟莒以和解之。子帛爲魯結好息民,故傳曰"魯故也";比之内大夫(魯國大夫)而在莒子上,稱字以嘉之也。

"帛"與"伯"當爲古今字。杜以"子帛"爲字,不知經不以"子"爲字;又

---

① "將卑師少稱'人'",本非《左傳》之例。《公羊傳》隱公五年云:"將卑師眾稱'師'。將卑者,謂士也。衛師入盛是也。將卑師少稱'人'。鄭人伐衛是也。"《穀梁傳》隱公五年云:"將卑師眾曰'師',書其重者也。將卑謂非卿。"由此觀之,"將卑師少稱'人'",實出自《公羊》、《穀梁》二傳,故廖氏云"本傳無文,二傳例也"。

② "言",阮刻本作"隨"。

連舉"帠"字,私心求勝古人,偶因文字小異,遂敢爲異説。莒子,君也,豈可以臣在君上即謂"比之大夫"。凡内大夫會諸侯,皆有"會"文以別異之,此不言"會"。屢數紀、莒,與内大夫之比不合。小國大夫稱"人",來魯從内録之,乃稱名而不氏,全經一定之例,所謂賤而不書是也。《春秋》惟齊、宋大國大夫有稱"子"、稱字明文。經書"紀履緰",即嘉之矣。小國大夫斷無稱"子"、稱字以與大國相混之理。至于"子"、"帠"所以連文者,則以明"子"、"伯"非爵之義。説詳《疏證》。①

經:十有二月,乙卯,夫人子氏薨。

桓未爲君(尚未即位爲國君),仲子不應稱"夫人"。隱讓桓以爲太子,成其母喪以赴諸侯,故經于此稱"夫人"也。

杜誤以"子氏"爲上"仲子",故以爲桓母。子氏當從《穀梁》,爲隱夫人。杜明知桓母不能稱"夫人",乃謂以夫人赴于諸侯,經亦從而夫人之,則經爲逢迎君惡,何以爲正名之書?吴、楚稱王,是亦可從而稱王矣。

不反哭(古代喪葬儀式之一。安葬後,喪主捧神主歸而哭於寢),故不書葬。例在三年(隱公三年傳云:"不赴於諸侯,不反哭於寢,不祔於姑,故不曰薨。不稱夫人,故不言葬。")。

不葬(指經文不書葬),當同《穀梁》。(《穀梁傳》云:"卒而不書葬,夫人之義,從君者也。隱弑,賊未討,故不書葬。")經書不書爲筆削例,不因禮節之隆殺(厚薄、高下)而予奪之。傳有明説,有異義。推考傳例,當據明條,如"君氏"(隱公三年經云:"夏,四月,辛卯,君氏卒。")傳本有"尹氏"之説,則"君氏"爲異義。且本條文義轇轕(jiāo gé,交錯,雜亂,引申爲糾纏不清),實不以不反哭則不葬,豈可又推以説別條?凡立説,當于不可拔之地,若以此

---

① 廖平《穀梁古義疏證》云:"'子'、'伯'二字駢書,所以見非爵,並以明'子'貴于'伯'之義。紀、莒皆百里國,故紀下稱侯也。此雙見'子'、'伯'者,明'子'、'伯'非爵,《春秋》假以爲小國侯稱也。杞稱'伯',又稱'子',亦是此例。先'子'者,字不如'子'。莒稱'子',夷狄也。紀本卒正,因先亡,故《春秋》以曹代之,進邾以補六卒正之數。傳釋'子'、'伯'二説,以後説爲正解。此一見例。"

等爲據,所謂本實先撥也。

傳：二年,春,公會戎于潛,修惠公(魯惠公)之好也。戎請盟,公辭。

許其修好而不許其盟,禦(抵禦)夷狄者不一①而足。

竊用《公羊》而失其本旨,變"許"爲"禦",尤不通。

傳：莒子娶于向,向姜不安莒而歸(歸向)。夏,莒人入向,以姜氏還。

傳言失昏姻之義。凡得失小故,經無異文,而傳備其事,案文則是非足以爲戒。他皆倣此。

杜言"無異文",即二傳不加貶絶而罪惡見者。不加貶絶之意而異其辭,以辟膚引二傳之嫌。

經：三月,庚戌(楊伯峻推斷爲三月十二日),天王(周平王)崩。先(提前)十三日。(廖氏以爲先十三日者,是以死日數之;楊伯峻以爲先十二日者,是不以死日數之。)

實以壬戌(楊伯峻推斷爲三月二十四日)崩,欲諸侯之速至,故遠日以赴。②

遲發喪者有矣,先期之説,最乖情理,疑此爲疑以傳疑之例。本壬戌崩,赴誤爲庚戌。經則承赴,示不敢專改。

襄二十九年傳:"鄭上卿有事","使印段(鄭卿,姬姓,印

---

① "一",阮刻本作"壹"。
② 《左傳》隱公三年云:"三年春,王三月,壬戌,平王崩。"按楊伯峻《春秋左傳注》推斷,"庚戌"爲三月十二日,壬戌是三月二十四日。平王實以壬戌日崩,經云庚戌日崩,是將死日提早十二日。杜云"故遠日以赴",其意圖則是"欲諸侯之速至"。

氏,名段)如周"會葬。今不書葬,魯不會(參加會葬)。

天王志(記錄)崩不志葬,不因會葬乃書。

經:秋,武氏子(即武氏之子。武氏乃周室之大夫,其人不來,而使其子來)**來求賻**(fù,助喪之物,如布帛車馬等)。

武氏子,天子大夫之嗣(繼位者)也。平王喪在殯(死者入殮後停柩以待葬。按周禮,天子九月而葬),新王未得行其爵命,聽于冢宰(周官職名,冢宰爲六卿之首,亦稱太宰),故傳曰"王未葬",釋其所以稱父族,又不稱"使"也。魯不共(同"供")奉王喪,致令有求,經直文以示不敬,故傳不復具釋也。

傳云"王未葬",所以釋"賻"字。未爵命,稱父族;王未葬,不稱"使",皆用二傳説。"魯不共王喪,致令有求"下,又用《穀梁》"周雖不求(求賻),魯不可以不共(供賻);魯雖不共,周不可以求之"之説。

經:八月,庚辰,宋公和(宋穆公,名和)**卒**。

元年,大夫盟于宿(隱公元年經云:"九月,及宋人盟于宿。"宿,國名,風姓,在今山東省東平縣東南),故來①赴以名,例在七年(隱公七年傳:"凡諸侯同盟,於是稱名,故薨則赴以名,告終嗣也,以繼好息民,謂之禮經。")。

傳據同盟以説經者皆爲經例,不謂事實,故小邾屢同盟,經且不記卒,非經見同盟乃名,不同盟不名。十九國皆在同盟之例,有不名者,謂不以同盟之禮待之。傳之言同盟、不同盟,不以見經爲斷,如秦穆公云同盟不見經,蓋以諸侯會盟見經者不過千萬中之一二,豈可以此爲據? 又,大國皆名,不必贅言同不同(同盟與否)。

---

① "來"字原脱,據《左傳》杜注補。

杜于此例所言百餘條,皆爲贅文。發凡于此,後不再糾。

經①:癸未,葬宋穆公(即上文"宋公和")。
魯使大夫會葬,故書。

諸侯卒、葬,其例最繁。杜氏苦其煩難,不能畫一,故爲簡便之法,全不考十九國隱見之例。《年表》(《史記·十二諸侯年表》)以不書秦穆卒爲君子惡之,此正《左氏》師説。諸侯卒、葬,二傳先師亦苦其難,使有簡便之法,亦早如杜氏趨便易矣。惟其不通,故不敢避難就易。如云"使大夫會葬,則書",吳、楚之君,魯豈全不使一大夫,何以不書?莒近魯,豈會葬全不一行?故吳、楚之君不書葬,避其號(僭越稱王)也。夷、狄不葬之例,萬不可不補,一補此例,則不得不同二傳矣。

傳②:不赴(赴告)**于諸侯,不反哭于寢,不祔**(fù,將後死者的神位附於先祖旁而祭曰祔)**于姑**(祖姑),**故不曰"薨"。不稱"夫人",故不言"葬"。**

夫人喪禮有三:薨則赴于同盟之國,一也;既葬,日中自墓反虞(古代下葬訖,返回時舉行虞祭,稱反虞。虞有安神之意)于正寢,二也;卒哭(古代喪禮,百日祭後,止无時之哭,變爲朝夕一哭,名曰卒哭)而祔于祖姑,三也。若此(三禮皆備),則書曰"夫人某氏薨,葬我小君某氏"。此備禮之文也。其或不赴、不祔,則爲不成喪,故死不稱"夫人薨",葬不言"葬我小君某氏";反哭則書葬,不反哭則不書葬。今聲子三禮皆闕,《釋例》(杜預《春秋釋例》)論之詳矣。

以禮節亂書法最爲荒唐。本爲夫人,例得稱夫人,書薨、言葬小君,一貫

---

① "經"字原無,據文例補。
② "傳"字原無,據文例補。

之事。稱夫人則必書薨，書薨則必言小君，一定之例也。妾母則稱某氏，不言夫人。不言夫人，則不得書薨。稱小君，一定之例，無或異也。今以禮備不備定稱不稱（稱夫人與否），則是寵妾、嬖人邀一日之私寵，史官曲從過禮，《春秋》亦仍其誤，此奸邪逢迎惡習，豈可説經！姒氏本爲妾母，不赴、不祔本爲妾母之禮。云"不赴"、"不祔"者，即妾母之實據。惟其爲妾，乃不稱夫人。非夫人也，偶不行赴、祔之禮，則貶而不稱夫人，不言薨、不言小君；本爲妾也，偶行赴、祔、殯、哭之禮，便可尊之稱夫人，言薨、言小君。傳文據禮而言，本即爲夫人、爲妾之分。今不求其意旨所在，誤以隆殺而定書法，至于混亂名實，尚自以爲出于傳説。似此之人，萬不可以讀傳。如此而託之説傳，則傳當冤屈死矣。

經：四年，春，王二月，莒人伐杞（國名，姒姓，伯爵，始封雍丘，即今河南省杞縣，後多次遷封），取牟婁（杞邑，在今山東省諸城市西南）。

書"取"，言易也。例在襄十三年。（襄公十三年傳："凡書'取'，言易也。用大師焉曰'滅'，弗地曰'入'。"）

取邑皆言"取"，無別稱。傳例"凡克，不用師徒曰'取'"（見昭公四年傳），易辭也。謂不用師徒乃爲易辭。此言"伐杞"是用師徒，即非此例。杜説誤。

經①：秋，翬（huī，公子翬，魯大夫）帥師會宋公、陳侯、蔡人、衛人伐鄭。

諸外大夫貶，皆稱"人"；至于內大夫貶，則皆去族稱名。于記事之體，他國可言某人，而己國之卿佐不得言魯人，此所以爲異也。

----

① "經"字原無，據文例補。

此内外例,傳無文,本二傳説。

經①:九月,衛(國名,姬姓,侯爵,文王子康叔封之後)人殺州吁(衛莊公庶子,弑衛桓公而自立爲君)于濮(陳國地名,在今安徽省亳州市東南)。

州吁弑君而立,未列于會(未參加諸侯會盟),故不稱"君"。例在成十六年。(成公十六年傳:"曹人請於晉曰:'若有罪,則君列諸會矣'",是列會即成君矣。此州吁未列於會,故不稱'君'。曹人之辭,即是成例,故云"例在成十六年"。)

稱君、不稱君不以列會、不列會爲斷。伐鄭衛人(隱公四年經:"宋公、陳侯、蔡人、衛人伐鄭。")即州吁,列伐、列會一也。成十六年傳言列會,不過言列會則已會諸侯,以後不應討之,非列會則《春秋》必書"君"也。

傳②:石碏(què,衛大夫)使告于陳,曰:"衛國褊(biǎn,狹小)小,老夫耄(mào)矣,無能爲也。"

八十曰耄,稱國小已老。

《曲禮》曰:"大夫七十致仕曰老",而傳自稱曰"老夫";又"八十曰耄",此石碏致仕,故傳曰"乃老"。又稱"老夫",又稱"耄",言已年過七十將八十也。

經:夏,四月,葬衛桓公。秋,衛師入郕(chéng,國名,姬姓,在今山東省寧陽縣北)。

將卑師衆,但稱"師",此史之常也。

此以二傳例爲史之常法,非也。史文記事當詳,此經例耳,不可以史説。

---

① "經"字原無,據文例補。
② "傳"字原無,據文例補。

經：九月,考(成,落成。古時宗廟宮室或重要器物初成,必舉行祭禮,或名曰"考")仲子(杜預以爲仲子爲魯惠公妾,魯桓公之母;廖平以爲是魯惠公之母)之宫(廟)。

欲以爲夫人。諸侯無二嫡(嫡夫人)。

此當用《穀梁》説,以爲惠公之母,非桓公母也。説已詳上。

周制,諸侯再娶,再娶則稱夫人,傳所言多。《春秋》乃不再娶,以娣、姪從。禮,諸侯夫人卒,娣、姪得升爲夫人。孟子已卒,何得言二嫡?如云并嫡,則不獨諸侯乃爲非禮。蓋誤變不再娶之文,而不知其不通。

傳：王使尹氏、武氏(二氏皆爲周世族大夫)助之(助曲沃莊伯伐翼),翼侯(晉鄂侯)奔隨(晉地,今山西省介休縣東南有古隨城)。

晉内相攻伐,不告亂,故不書。傳具其事,爲後晉事張本(作爲伏筆而預先説在前面的話;爲事態的發展預先做的安排)。

尹氏、武氏連文,即三年經連文之尹氏、武氏。(隱公三年經："夏,四月,辛卯,君氏卒。秋,武氏子來求賻。"廖平以爲此"君氏"當作"尹氏")據此,知《左氏》本有作"尹"之説。世族大夫亦用二傳譏世卿説。《春秋》不早見晉耳,不必以不告不書。本《晉語》(《國語·晉語》)之文,先師按年分載,以見《春秋》不早書晉之意,亦非爲後事張本而已。

傳[①]：四月,鄭人侵衛牧(《爾雅》："郊外謂之牧。"杜預以"牧"爲地名,蓋誤)。

經書"夏,四月,葬衛桓公"。今傳直言"夏",而更以"四月"附"鄭人侵衛牧"者,于下事宜得月,以明事之先後,故不復備舉經文。三年"尹氏(《左傳》隱公三年經作"君氏")卒",其義亦同。他皆放此。

---

① "傳"字原無,據文例補。

"葬衛桓公"，經本在四月，傳不言者，略之也。"侵牧"繫"四月"者，別牘所記有日月之文，故直用其文。二事同在四月，無先後可言。此即日月例也。杜于經不言日月例，于傳乃言日月例，可見本末失據。

傳①：于是初獻六羽（六羽，即六佾。古代樂舞，以八人爲一列，謂之一佾。舞時，文舞執翟。翟是雉羽，樹之于竿，執而舞之，故亦稱爲羽。古禮制，天子八佾，諸侯六佾，大夫四佾，士二佾），**始用六佾也。**

魯唯文王、周公廟得用八（八佾），而他公②遂因仍僭（同"僭"，即僭越之意）而用之。今隱公特立此婦人之廟，詳問衆仲。衆仲因明大典，故傳亦因言"始用六佾"，其後季氏舞八佾于庭，知惟在仲子廟用六。

周時禮制不明，上下皆用八。《春秋》新制，乃改爲上下等差之制。因仲子廟偶用六佾，借以示例。此素王改制，《春秋》所以爲萬世法也。

傳③：鄭人以王師（周天子之軍隊）**會之。**
王師不書，不以告也。

《春秋》不言王師侵伐，非不告也，此爲天王諱例。

傳④：宋人使來告命。
告命，策書。

"告"即告知其事，"命"與"令"同，謂使我出師。

---

① "傳"字原無，據文例補。
② "他公"，其他諸侯，原作"他人"，據《左傳》杜注改。
③ "傳"字原無，據文例補。
④ "傳"字原無，據文例補。

傳①：**叔父**（衆仲，魯大夫）**有憾**（怨恨）**于寡人。**

諸侯稱②**同姓大夫，長曰"伯父"，少曰"叔父"。**

此亦當如《曲禮》諸侯之稱上卿曰"伯父"，下卿曰"叔父"，③故下有加等之文，使上卿則無可加，非以長、少分伯、叔。

經：宋人取長葛（鄭邑，在今河南省長葛市東北）。

秋取（伐取），**冬乃告**（赴告於魯）**也。上有"伐鄭，圍長葛"**（見隱公五年傳），**長葛，鄭邑可知，故不言"鄭"也。前年冬圍不克，今冬乘長葛無備而取之，言易也。**

去年冬圍，今秋乃取，見其難，非易辭。"冬圍不克而還，今冬乘其無備"說無依據，徒欲與二傳立異耳。

經：滕（國名，姬姓，侯爵，周文王子錯叔繡，武王封之，居滕。今山東省滕州市西南有古滕城，即滕國也）**侯卒。**

傳例曰："不書名，未同盟也。"

諸侯不書名，謂不以同盟之禮待之，非必以見經同盟爲證。杜于諸侯卒皆言同盟、不同盟，不知十九國皆得爲同盟。滕、薛初見，有不名者，小國初不待以同盟；至成、哀（魯成公、魯哀公）以下，純待以同盟之禮。此《春秋》三世異辭之例也。

經：齊侯（齊僖公）**使其弟年**（齊僖公同母弟夷仲年）**來**④**聘**

---

① "傳"字原無，據文例補。
② "稱"字原脱，據《左傳》杜注補。
③ 上卿"伯父"，下卿"叔父"當分別指五官之長，九州之長。見《禮記·曲禮下》："五官之長曰伯"，"天子同姓，謂之伯父"；"九州之長，入天子之國曰牧。天子同姓，謂之叔父"。
④ "來"字原脱，據《左傳》補。

(天子與諸侯或諸侯與諸侯間的遣使聘問之禮)。

諸聘皆使執玉帛以相存問。例在襄九年。(襄公元年傳："凡諸侯即位,小國朝之,大國聘焉。")

諸聘皆大國、敵國,傳所謂"大國聘之"是也。小國亦有卿,言"朝"不言"使",故小國通無"使"、"聘"之文。

經：秋,公伐邾(國名,曹姓,蓋魯之附庸國,在魯國東南)**。天王**(周桓王)**使凡伯來聘。**

凡伯,周卿士。凡,國。伯,爵也。

"凡"為西周采邑。"伯",字也。如以為爵名,何以畿內見"公"、"子"、"伯"而無"侯"、"男"耶？"子"、"伯"非爵。王臣不可以五等爵(公、侯、伯、子、男)言之,杜氏不知此例。

經：戎伐①凡伯于楚丘(或為衛地)**以歸。**

戎鳴鐘鼓以伐天子之使(凡伯出使魯國,歸而見伐)**。**

杜于傳例膠執其文句,而不通其意旨,所謂食古不化者。"有鐘鼓曰'伐'",文見《國語》,謂本討罪用師。據本事,亦因晉趙盾特申此義,不必經之言"伐"者皆用鐘鼓也。經例,伐國乃言"伐",伐一人而曰"伐",重執天子使也。杜欲變其說,以為用鐘鼓乃言"伐",是孔子修《春秋》須考其用鐘鼓與否,有此理乎？經、傳侵伐之有互異者,又何以說之乎？

但言"以歸",非執也。

避(避諱)執天子使,言"以歸"耳,實即執也。以為非執,正與經意相反。

傳：謂之禮經(禮經,禮之大法)**。**

此言凡例乃周公所制禮經也。十一年"不告"之例,

---

① "伐"原誤作"發",據《左傳》改。莊公二十九年傳："凡師,有鐘鼓曰'伐',無曰'侵',輕曰'襲'。"

又曰"不書于策",(隱公十一年傳:"凡諸侯有命,告則書,不然則否。師出臧否,亦如之。雖及滅國,滅不告敗,勝不告克,不書于策。")明禮經皆當書于策。仲尼修《春秋》,皆承策爲經。丘明之傳博采衆記,故始開凡例,特顯此二句。① 他皆倣此。

　　凡言例,皆師説,非《左氏》原文。《五行志》(《漢書·五行志》)引僖二十九年"大雨雹"説,曰:"凡物不爲災,不書",又云"凡雹,皆夏之愆陽,秋之伏陰"(《漢書·五行志》作"冬之愆陽,夏之伏陰")。一爲經例"凡",一爲禮例"凡",乃先師從傳文推考而出之師説,以爲《左氏》尚非,以爲周公之典,尤爲失實。仲尼修《春秋》,皆承爲經,試問有無筆削加損諸例？杜以爲孔子修《春秋》不過略易數條,餘皆承舊史,豈知《春秋》大與史異,史文當千百倍于《春秋》,孔子《春秋》實于千百條中用其一二條,而又有損益,豈可以史法説之乎？

經：三月,鄭伯使宛來歸祊bēng。

宛,鄭大夫。不書氏,未賜族。祊,鄭祀泰山之邑,在琅邪費縣(在今山東省臨沂市費縣)東南。

　　不賜族之説,非通例,不必再推別條。《春秋》本以"氏(書氏)"、"不氏(不書氏)"見尊卑,若推于事實,則尊卑混矣。小國大夫通"不氏",亦以"未賜族"説之,則尊卑混矣。"大夫"二字欠分明,以爲經之大夫耶？同《穀梁》,則實卿也,例得氏(書氏)。以爲傳之大夫耶？同《公羊》,則例不氏(不書氏)。義例未明,故以含糊取巧。

---

① 即隱公七年傳"凡諸侯同盟,於是稱名,故薨則赴以名"及隱公十一年傳"凡諸侯有命,告則書,不然則否。師出臧否,亦如之。雖及滅國,滅不告敗,勝不告克,不書于策"二句。杜預《春秋左氏傳序》云:"《周禮》有史官,掌邦國四方之事,達四方之志。諸侯亦各有國史。大事書之於策,小事簡牘而已。"孔穎達正義云:"此言大事小事,乃謂事有大小,非言字有多少也。大事者,謂君舉告廟及鄰國赴告,經之所書皆是也。小事者,謂物不爲災及言語文辭,傳之所載皆是也。大事後雖在策,其初亦記於簡。"

經：夏,六月,己亥,**蔡侯考父**(蔡宣公名)卒。

諸侯同盟稱名者,非惟見在位二君也。嘗與其父同盟,則亦以名赴其子,亦所以繼好也。蔡未與隱盟(隱公之世未與蔡宣公結盟),蓋春秋前與惠公(魯惠公,名弗皇,魯國第十三世國君,隱公、桓公之父)盟,故赴以名。

同盟之説,原據禮待而言,杜以經事証之,誤矣。經無其事,則推本于文;《春秋》無其文,則推于春秋以前。究之書名者,經不皆有盟;經見同盟者,乃不書卒。試問不名者,大國、中國(中等國家)安有此例?不細心體會經文,固執傳文,自生荊棘。只此一例,杜説不下百餘條。易者固無待于言,難者終不能通,此杜氏之大謬也。(此條爲廖氏批評杜預以"凡諸侯同盟,於是稱名,故薨則赴以名"來解釋諸侯之卒稱名、不稱名之例。)

經：**辛亥,宿男**(宿,國名。男,爵)卒。

元年(隱公元年),宋、魯大夫盟于宿,宿與盟也。(隱公元年經:"及宋人盟于宿。"宿爲國名,按杜注義,盟以國名者,所在之國亦參與會盟。此言宋、魯盟于宿,那麼宿國亦當與魯、宋二國結盟)晉荀偃(晉大夫)禱于①河,稱齊、晉君名,然後自稱名。知雖大夫出盟,亦當先稱己君之名以啟神明,故薨皆從身盟(親自參加會盟)之例,當告以名也。傳例曰:"赴以名,則亦書之,不然則否,辟不敏也。"(見僖公二十三年傳)今宿赴不以名,故亦不書名。

不盟不書名,當以此條爲正例。十九國皆同盟會,書名。宿與會不書,以宿微國,不列數于盟,故曰不同盟不書名。宿男之不名爲正例,滕、薛、秦之不名,推此例以加之,爲變例。今以宿男例有名,因告不以名,乃不書,全與經、傳反。禮,赴辭不稱君名。宿微國,不數(不列數于盟),不能謂其在

---

① "于"字衍,據《左傳》杜注當删。

盟;既同盟,不能謂其不赴;以名赴,臣子不能不以名。又,赴文當一律,不必或名或不名。不知同盟之例,自生荆棘如此。杜引傳例云云,則或名或不名,盡由史文,全無義例,又何必引《釋例》耶?

傳:鄭伯(鄭莊公)**請釋**(捨棄)**泰山之祀**(祭祀)**而祀周公,以泰山之祊**(鄭邑)**易**(交換)**許田**(魯邑,近鄭,或在今河南省許昌市南)。①

成王(即周成王)**營王城有遷都之志,故賜周公許田以爲魯國朝宿**(謂供諸侯朝見天子時住宿)**之邑。**

營洛豈志在遷都,此誤解《周書》,開脱平王(周平王)耶? 抑以逢迎時君耶? 恐有字誤。

傳:秋,會于溫(周地,在今河南省溫縣南),**盟于瓦屋**(周地,在今溫縣西北)。

會溫不書,不以告(未以會溫之事赴告於魯)**也。**

會溫、盟瓦屋二事相連,當是史全有其文。《春秋》見者、不見,惟存盟以見意耳。如以爲不告,則史無其文矣,《左氏》又何從而得之? 杜氏之失,在以周公爲主,孔子爲賓,專説史法,不知傳以筆削之文託于赴告。以《春秋》(《魯春秋》,即魯國舊史)修《春秋》(孔子所修《春秋》),不據赴告,其説甚明,故假之以立説,而杜氏乃主張此例,至于無所不至也。

經:挾卒。

---

① 據楊伯峻注,鄭桓公爲周宣王同母弟,因賜之以祊,使於天子祭泰山時,爲助祭湯沐之邑。周成王營王城(在今洛陽市),有遷都之意,故賜周公許田,以爲魯君朝見周王時朝宿之邑。今鄭莊公或見周王泰山之祀廢棄已久,助祭湯沐之邑無所用之,祊又遠隔,而許則近之,因欲以祊易許。許有周公之别廟,恐魯以廢祀周公爲辭拒之,故以捨泰山之祀而祀周公爲辭。

挾，魯大夫，未賜族（按《左傳》義，未賜族則不書氏，今經直書大夫名"挾"，故杜注解之"未賜族"）。

《春秋》未命①，例不氏，不關賜族與否。中多公子、公孫不氏者，未可以未賜族言之。

傳：凡雨，自三日以往爲霖（久雨）。

此解經②書"霖"也，而經無"霖"字，（隱公九年經云："三月，癸酉，大雨，震電。"故杜注云"經文無'霖'字"）經誤。

傳以"霖"字解大雨，又自釋"霖"字耳，因此遂謂"經誤"，足見杜氏視經如土芥。杜氏據傳改經，是其大誤。杜據傳改經者十之七八。

經：春，王二月，公會齊侯、鄭伯于中丘（魯邑，或名鄧，在今山東省臨沂市東北）。

傳言正月會，癸丑盟。（隱公十年傳云："十年，春，王正月，公會齊侯、鄭伯於中丘。癸丑，盟於鄧，爲師期。"）《釋例》推尋經傳日月，癸丑是正月二十六日，知經"二月"誤。

支干數目最易遺誤，然杜氏自撰《長曆》（杜預撰，見《春秋釋例》卷一二至卷一五），強經就己，所言未必得實。于此一譏，後不再言。

經：六月，壬戌，公敗宋師于菅（guān，宋地，在今山東省單縣）。

書"敗"，宋未陳（同"陣"，布陣。下同）也。敗例在莊十一

---

① 命，即命數，爵位或官職的品級。《周禮・春官・典命》："上公九命爲伯，侯、伯七命，子、男五命。王之三公八命，其卿六命，其大夫四命。公之孤四命，其卿三命，其大夫再命，其士壹命。侯、伯之卿、大夫、士，亦如之。子、男之卿再命，其大夫壹命，其士不命。"

② "經"字原脱，據《左傳》杜注補。

年。(莊公十一年傳云:"凡師,敵未陳曰敗某師,皆陳曰戰。")

此内外例也。傳無未陳明文,則不必牽涉史例。

傳:癸丑,盟于鄧(魯地。九年爲防之會,鄭伯未與,故重爲此盟會)。

公既會而盟,盟不書,非後(遲)**也,蓋公還**(會訖還魯)**告會而不告盟**(公還告廟,告會而不告盟,故不書盟於經)。

外事可言赴告,内事不得以赴告爲説,故傳于内所與事不言赴告,以史不待于告。若以"告廟"之"告"爲此告,則又假借"告"字而用之,皆非也。

傳:公會齊侯、鄭伯于老桃(宋地,在今山東省濟寧市東北)。
會不書,不告于廟也。

略之則不書,何以言告廟?然則凡經書魯事皆必告廟,傳無明文。

經:秋,七月,公及齊侯、鄭伯入許(國名,姜姓,男爵。周武王封文叔于許,故城在今河南省許昌市東,春秋後又遷於他處)。

還使許叔(許莊公之弟,後即位稱許穆公)**居之,故不言"滅"也。**

本滅也,隱、桓之世不言"滅",故以"入"言之;又以許後興,故言"入"以存許。此經義,非史文。

傳:宋不告命,故不書。凡諸侯有命,告則書,不然則否。

命者,政令也,國之大事也。承其告辭,史乃書之于策;若所傳聞行言,非將君命,則記在簡牘而已,不得記于典策。此蓋周禮之舊制。

古史有記事、記言之説，皆謂之史。魯史所書之事多矣，孔子擇其足以立教者修以爲經。既已修改，不得再言史法。杜氏以經爲史，則記言與不見經之事皆無所歸宿，故又創爲簡牘之説，以救其窮。然仍歸官所掌，不得不名爲史，不過于舊所謂史者分爲二門，一爲經，一爲不見經之事。改頭換面，徒爲朝三暮四而已。史只有經無傳，而傳中多魯史例不當書之事，此左氏本當日載記傳聞而作，不盡據魯史也。杜以左氏據史而作，因傳多史無之事，以經承史文，因傳多經無之事，故別爲簡牘之説。以經事爲典策，以傳事、言語爲簡牘，求其説不得，乃爲之辭。不知左所詳他國事有斷不能見魯之簡牘者，而魯之事實，如莊(魯莊公)、僖(魯僖公)以上多所闕略，首尾不備，豈簡牘詳于外而略于内耶？左氏作傳，不必專讀魯之《春秋》。據魯簡牘爲言，不知(通"智")，亦不通也。

桓公篇第二

經：元年，春，王正月，公（魯桓公，《世本》云名軌，《史記·魯世家》云名允，惠公之子，隱公之弟，母仲子）即位。

諸侯每首歲必有禮于廟。諸侯①遭喪繼位者，因此而改元(元年)正位，百官以序，故國史亦書即位之事于策。桓公篡立而用常禮，欲自同于遭喪繼位者，《釋例》論之詳矣。

繼君實于殯後即位，一年不二君，故《春秋》踰年乃書元年即位，且因此以見正不正。先君去年已薨，新君于元年初見"即位"二字，謂其繼體爲君耳。無論行禮不行禮，例必書此，不指元旦受朝也。使如杜説，則二百四十年朝元旦者不勝書矣。杜不得"即位"二字之解，故以行禮不行禮爲説。況傳言書不書是皆即位，《春秋》乃有書不書之異。杜以書爲實即位，不書則未行禮，大失經意。

---

① "侯"字衍，據《左傳》杜注當刪。

經：三月，公會鄭伯于垂（衛地，在今山東省曹縣北，或以爲在今鄆城縣東）。鄭伯以璧假（借。名爲"假"，實則私相交換也）許田。①

知其非禮，故以璧假爲文，時之所隱。

《春秋》諱其事，以"假"爲文。杜以"時"言之，意謂魯人諱之，故國史以"假"書之耳。既云孔子修《春秋》，則不必復言史法。杜意以史爲主，實中不祖孔子之病。

傳：冬，鄭伯拜盟（拜謝結盟）。

鄭伯若自來，則經不書。若遣使，則當言"鄭人"，不得稱"鄭伯"，疑謬誤。②

傳有而經無之事多矣，本係使人，傳歸其事于君者亦多，動言"謬誤"，非是。

經：二年，春，王正月，戊申，宋督（華督，宋太宰）弑其君與夷（宋殤公）及其大夫孔父（孔父嘉，時爲宋司馬）。

孔父稱名者（杜預以"父"爲名），内不能治其閨門，外則取怨于民，身死而禍及其君。

孔父，公子嘉字，傳固有明文。名字相應，同此者亦多。以孔父爲名，意在變《公羊》字爲善例之説而不知，反傳背理，自蹈巨弊。

經：滕子來朝。

---

① 許田，魯邑，近鄭，或在今河南省許昌市南。鄭以祊易魯之許田，隱公八年鄭伯"使宛來歸祊"，"我入祊"，而魯卻未將許田致鄭。魯或以祊小許大，二者不足抵償，故鄭又加之以璧。
② 鄭伯親來拜盟，爲國之大事，於例當書於經，今卻僅見於傳而不見於經。因此，來拜盟者當非"鄭伯"而是"鄭人"，故杜注"疑謬誤"。

隱十一年稱"侯"（隱公十一年經："十有一年，春，滕侯、薛侯來朝。"），今稱"子"者，蓋時王所黜（罷黜，降侯爵爲子爵）。

"侯"，本爵也，"子"，託號也。《春秋》貴賤相嫌則異號。前稱"侯"，因朝不嫌見本爵；此稱"子"，爲常例，非貶也。《春秋》褒貶全在孔子，不關時王。

經：三月，公會齊侯、陳侯、鄭伯于稷（宋地，當在今河南省商丘市境內），以成宋亂。

成，平也。宋有弑君之亂（宋華督弑宋殤公，并殺司馬孔父），故爲會欲以平之。

成者，未成而成之辭。諸侯討宋亂，公（魯桓公）受賂而罷諸侯之師，長養同類（宋華督弑宋殤公，魯桓公弑隱公，皆是弑君之人，故曰"同類"），故以成惡惡之。下云"以成宋亂，爲賂故，立華氏"是也。華弑而立之，豈得言"平"？以"成"爲"平"，正與經意相反。其意蓋以內惡當諱，不知桓爲弑賊，《春秋》既已諱之，特于別事爲之起文，所謂"微而顯"也。如以爲當諱，則納鼎太廟何不諱之？

經：九月，入杞（國名，姒姓，伯爵，始封雍丘，即今河南省杞縣，後多次遷封）。

不稱主帥，微者也。

不稱主帥者，爲內諱也，不必爲微者。入國大事，必帥師，非微者之事。

經：九月，公及戎盟于唐（魯地，在今山東省魚臺縣東北）。冬，公至自唐。

凡公行，還不書"至"者，皆不告廟也。隱不書"至"，謙①不敢自同于正君書勞（記錄功勞）、策勳（記功勳於策書之

---

① "謙"字原脫，據《左傳》杜注補。

上）。

　　公還告廟，禮也。魯秉周禮，凡行皆多告廟。《春秋》之書不書別有義，非但以志勤惰，傳偶即一告廟言凡發傳，如因郜子①來朝言問官，季札來聘言觀樂，不爲問官、觀樂乃書二事。隱、桓以上不致，桓一致，爲變例。因不告廟之文據事説經，與《春秋》本意不合。不致者八十餘事，以爲皆不行告廟禮，亦乖情理。

　　傳：故先書弑其君（經文先書華督弑宋殤公，後書殺司馬孔父）。**會于稷**（宋地，在今河南省商丘市境内），**以成宋亂，爲賂故，立華氏**（華督）**也**。

　　經稱"平宋亂"（三傳經文皆言"成宋亂"，不言"平宋亂"。杜預釋"成"爲"平"，故此云"平宋亂"）者，蓋以魯君受賂立華氏，貪縱之甚，惡其指斥，故遠言始與齊、陳、鄭爲會之本意也。傳言"爲賂故，立華氏"，明經本書"平宋亂"，爲公諱，諱在受賂立華氏，猶璧假許田爲周公祊故，所謂"婉而成章"（成公十四年傳）。督未死而賜族，督之妄也。

　　"立華氏"即"成宋亂"之實，成其亂，非平其亂也。杜自以與傳不合，故託于諱，不知桓公惡，《春秋》惡之，諱其弑君之大惡，不諱成亂之小惡，所謂"微而顯"也。華氏不氏，因下有華氏，非討賊之義，故削不言"華"，然華早有氏。賜族例不當以爲通例，至于拘泥其説以爲督妄，非也。

　　傳：民不堪命。孔父嘉爲司馬。

　　嘉，孔父字。

　　嘉，名。孔父，字。説詳王氏《名字解詁》（王引之《春秋名字解詁》）。杜欲變稱字善善之例，故與經相反。

----

① 《廖平全集》認爲疑"郜子"爲"郯子"之誤，當矣，詳昭公十七年傳。

傳：召莊公(宋莊公)**于鄭而立之，以親鄭。**

莊公，公子馮也。隱三年出居于鄭。馮入宋不書，不告也。

> 馮出入皆不書，略之也。華氏弒君既首之，則馮入可不言，此通例也。不告不書，傳說可以說之，注則不能如此，以告、不告無實據也。惟當就經例言之，不必張皇史法，臆言不告。

傳："公至自唐"，告于廟也。凡公行，告于宗廟；反行，飲至、舍爵(舍，奠也，置也。爵，古雀字，即酒爵，其形似雀，故謂之爵。舍爵，猶言飲酒)**、策勳焉，禮也。**

既飲置爵，則書勳勞于策，言速紀有功也。

> 傳言公出入之禮耳，此爲禮例，非經例。既無因"告乃書，不告不書"明文，則不當直言史法，規避取巧。

經：三年，春，正月，公會齊侯于嬴(齊地，在今山東省萊蕪市西北)**。**

經之首時必書"王"，明此曆天王所班(同"頒"，頒布)也。其或廢法違常，失不班曆，故不書"王"。

> 左氏舊說，皆以稱"天"書"王"爲經義，乃孔子筆削。杜氏苦其難，却又費其推求，于是概以爲事實，以爲因事而然，此畏難取巧之大端。後世專宗此義，以爲平易，此說經之大患。書"王"豈特爲頒朔？拘于頒正，其說甚小，不應獨桓公時不頒朔。此等說本傳無文，依杜例原可以不說，今乃說之，是用二傳之意，小變其詞耳。此亦爲用二傳。《穀梁》"桓無王"，①賈氏用之是也。杜特變其說，意在避用二傳之名，不知實用二傳而轉失其精意。

---

① 《穀梁傳》曰："桓無王，其曰王何也？謹始也。其曰無王何也？桓弟弒兄，臣弒君，天子不能定，諸侯不能救，百姓不能去，以爲無王之道，遂可以至焉爾。元年有王，所以治桓也。二年有王，正與夷之卒也。十年有王，正終生之卒也。"

經：夫人姜氏（魯桓公夫人文姜）至自齊。

告于廟也。不言翬（公子翬）以至者，齊侯送之，公受之于讙（huān，魯地，在今山東省寧陽縣北）。

夫人至與公即位、公薨相同，例所必書，不必因其告廟。此大誤也，夫人至例書。夫人至禮多矣，豈特告廟？以公至禮説夫人至亦不合。此以行事説經之失。"不言翬以"以下，用二傳説。

經：冬，齊侯使其弟年（夷仲年，齊僖公同母弟）來聘。有年。

五穀皆熟書"有年"。

本傳無説，用二傳明文。

經：夏，天王使宰渠伯糾來聘。

宰，官。渠，氏。伯糾，名也。王官之宰，當以才授位，而伯糾攝父之職，出聘列國，故書名以譏之。

伯，字。糾，名。天子大夫不名，以伯、仲見字，如祭伯、召伯、毛伯是也。季友、叔肸亦同此例。以"伯"、"糾"同爲名，非。

今不書秋、冬首月，史闕文。他皆倣此。

以闕文説經，自杜氏開之，謬誤傳遺，遂至滔天，是則畏難取巧而已。

經：五年，春，正月，甲戌，己丑，陳侯鮑（陳桓公）卒。①

未同盟而書名者，來赴以名故也。

不同盟不名例，爲滕、薛、杞三小國之專條。方伯（一方諸侯之長）以上，

---

① 據杜注，甲戌爲前年十二月二十一日，己丑爲此年正月六日。赴告之日雖不同，但皆以正月起文，故但書正月。甲戌、己丑兩者相距十六日，陳侯卒而以二日赴告者，蓋以陳桓公患疾，甲戌日一人出走，經十六日而後得其尸，不知其氣絕之日，故《春秋》舉二日以包之。

國皆書名,不必言同盟不同盟。此例杜說多至百條,皆爲贅文。以下做此。

經：夏,齊侯、鄭伯如紀(國名,姜姓,在今山東省壽光市南)。

外(即外諸侯,魯國以外的其他諸侯國)相朝皆言"如"。齊欲滅紀,紀人懼而來告,故書。

齊、鄭大國,不當朝紀。言"如"以見爲襲,非實朝也,不當以"朝"言之。傳無來告之文,即不必以告立說。此因二傳有"外相如不書"之例,(《公羊傳》桓公五年,經云："夏,齊侯、鄭伯如紀。"傳云："外相如不書,此何以書？")故以告爲說,不知傳言"外"、"如"而經不見者即"外相如不書"之例。此非"如",乃襲紀,故書之。

經：天王(周桓王)**使仍叔**(周大夫)**之子來聘。**

譏使童子出聘。

有父不必童子,傳言"弱"(傳云："仍叔之子,弱也。"),亦父在之變文,童子豈可出使？鄭大夫傳言弱,謂其位卑,非謂年幼弱也。蓋(仍叔之子)未命稱係父者,即父在子未命之例也。

經：秋,蔡人、衛人、陳人從王伐鄭。

王自爲伐鄭之主,君臣之辭也。王師敗不書,不以告。

從王伐鄭,謂諸國從王命而自伐鄭,非謂王征鄭,諸國從也。若王在師,當言"征",不當言"伐"。因王敗中肩,不肯以王當之。王師敗,諱其事不言,豈爲不告乃不書？

傳：夜,鄭伯使祭足(鄭大夫)**勞**(慰勞)**王,且問左右。**

祭足,即祭仲之字,蓋名仲,字仲足也。"勞王"、"問左右",言鄭志在苟免,王討之,非也。

"足"當爲名。祭伯、祭仲、祭叔三人,天子大夫,爲監于方伯者。二傳以"仲"爲字,本爲不易之論。杜不信《公羊》行權之説,故以"仲"爲名,不知"仲"本不名,不爲賢乃字之。雖不用《公羊》説,"仲"仍爲字。凡"伯"、"仲"、"叔"字單舉者,經傳皆爲字例。仲,天子大夫,例不名。《公羊》以爲賢乃字,本爲誤説。然不以賢則可,以爲非字則不可。杜自知不安,又以"仲足"爲字,過矣。以"仲"爲名,與以"孔父"爲名,皆爲誤説。以王討爲非,亦是爲高貴鄉公而發。

傳:仍叔之子①,弱也。

仍叔之子來聘,童子將命,無速反之心,久留在魯,故經書夏聘(桓公五年經:"夏,齊侯、鄭伯如紀。天王使仍叔之子來聘。"),傳釋之于末秋(此條傳文書之於"秋,王以諸侯伐鄭"之後,故云"傳釋之于末秋")。

按傳下"大雩"再出"秋"字(桓公五年傳:"秋,大雩。書,不時也。"),則非以事釋于秋末,蓋傳于夏言"王奪鄭伯政,鄭伯不朝",則當別敘"仍叔之子"云云。傳因鄭事,以夏、秋連叙之,既終鄭事,乃别釋"仍叔之子"條,故下再言"秋",文義顯然。以爲夏聘秋②,附會無謂。

傳:秋,大雩(yú,雩祭,爲求雨而進行的祭祀)。**書,不時也。**

十二公傳,惟此年(桓公五年)及襄二十六年有兩秋。③此發雩祭之例,欲顯天時以相事④,故重言"秋",異于凡事。

---

① 原文誤倒作"仍叔子之",今據《左傳》乙正。
② 《廖平全集》認爲"秋"下似脱"釋"字,得之。
③ 桓公五年,傳文記載有兩秋:"秋,王以諸侯伐鄭,鄭伯御之";"秋,大雩。書,不時也"。襄公二十六年,傳文記載有兩秋:"秋,七月,齊侯、鄭伯爲衛侯故,如晉,晉侯兼享之";"秋,楚客聘於晉,過宋"。
④ "相事"原誤作"指事",據《左傳》杜注改。

上文因連屬鄭事，如紀事本末之例，故再出"秋"字。以此爲例説之，殊非情事。

經：秋，八月，壬午，大閲（檢閲車馬）。

齊爲大國，以戎事徵諸侯之戍，嘉美①鄭忽（鄭莊公太子，後即位稱鄭昭公），而忽欲以有功爲班（班列次序），怒而訴齊。魯人懼之，故以非時簡車馬。

書以見大閲之禮。鄭師在十年（桓公十年經："冬，十有二月，丙午，齊侯、衛侯、鄭伯來戰于郎。"），以爲懼鄭出（出閲車馬），附會。

經：蔡人殺陳佗（tuó，陳文公之子，陳桓公弟，殺桓公而自立）。

佗立踰年（桓公五年傳："文公子佗殺大子免而代之。"）**不稱爵者，篡立，未會諸侯也。傳例在莊二十二年。**

弑賊會諸侯則例稱君，不會（與諸侯會盟）則不稱君，此漢師誤説傳義，而杜襲其謬。不稱君，不以君待之。《田敬仲世家》（《史記》作《田敬仲完世家》）以爲蔡人殺陳佗，《春秋》譏之，是也。踰年不必會諸侯稱君者多矣，即卓子（驪姬之妹少姬所生，曾被立爲晉國國君）猶且稱君。經言"蔡人殺陳佗"，杜不詳其事，但釋"不稱君"，又不就本經求義，而妄以"會諸侯"爲説，皆其失也。

傳：使魯爲其班（班列次序），**後鄭**（班鄭於後）。

魯親班齊餼，則亦使大夫戍齊矣。經不書，蓋史闕文。

傳有經無之事多矣，不當以"闕"言之。聖人筆削，又不當説以史法。

---

① "美"字原脱，據《左傳》杜注補。

傳：七年，春，穀(國名，嬴姓，伯爵，地在今湖北省穀城縣)伯、鄧(國名，曼姓，侯爵，地在今河南省鄧縣)侯來朝。名，賤之也。

辟陋小國，賤之，禮不足，故書名(桓公七年經："夏，穀伯綏來朝。鄧侯吾離來朝。"經文皆書穀伯、鄧侯之名)。以春來夏乃行朝禮，故經書夏。(穀伯、鄧侯來朝，經書之于夏，傳書之于春，故杜注爲此解。)

欲變失地名，故爲此説。因禮不足而稱名，是以財賂厚薄爲高下也。白狄禮不足，書"來"不言"朝"(襄公十八年經云："十有八年，春，白狄來。")。傳書在"春"，偶失檢耳，非春來夏乃朝。日月小故，杜多附會。

傳：祭公(周天子三公之一)來，遂逆王后于紀(姜姓國，在今山東省壽光市南)，禮也。

天子娶于諸侯，使同姓諸侯爲之主(主持婚禮。魯與周天子同是姬姓，故使魯爲之主婚于紀)。祭公來，受命于魯，故曰"禮"。

此用二傳説，本傳無文。本經下説亦同。

經：九年，春，紀季姜(即八年祭公所迎之桓王后，紀爲國名，季爲其姊妹排行，姜爲其姓)歸于京師(周都洛邑)。

書字(杜注以"季"爲其字)者，伸父母之尊。

二傳以不稱"王后"言"季姜"，爲自紀言之。師其意而變其文，以書字爲"伸父母之尊"便失其旨，亦例有不通。

傳：九年，春①，紀季姜歸于京師。凡諸侯之女行②

---

① "春"字原脱，據《左傳》杜注補。
② "行"字原脱，據《左傳》杜注補。

(出嫁。下同),**惟王后書**。

爲書婦人行例也。適諸侯(嫁于諸侯),雖告魯,猶不書。

傳陳嬀不書于經。春秋天王多矣,豈止娶二后?史本皆書,經只言二事以明其禮耳。諸侯嫁女告者多,經例則皆不書,故公子結(魯莊公大夫)媵陳人之婦而不書,此經例,何以爲據告(告則書,不告則否)?

傳:先書齊、衛,王爵(天子所賜爵位)**也。**

鄭主兵而序齊、衛下者,以王爵(王爵之尊卑)次之也。(齊、衛爲侯爵,鄭爲伯爵,齊、衛尊於鄭,故"魯以周班,後鄭"。)《春秋》所以見魯猶秉周禮。

《春秋》之例,二伯主兵,通及天下,此爲常例。又,鄭爲方伯,見經皆在齊、衛下,以齊、衛稱侯,鄭稱伯也,此爲經例。因其爵稱,乃《春秋》之法,至于傳文則不如此,鄭每序諸侯之上。如以傳爲史,則與經相反。

經:九月,宋人執鄭祭仲。

祭,氏。仲,名。不稱"行人(使者)",聽迫脅(逼迫、威脅)以逐君,罪之也。行人例在襄十一年。(襄公十一年經云:"楚執鄭行人良霄。"傳云:"楚人執之,書曰'行人',言使人也。")

祭仲,監者,執國政,又非使宋,何以稱"行人"?以"仲"爲名,駁已前見。

經:突(公子突,鄭莊公次子,後即位稱鄭厲公)**歸于鄭。**

不稱"公子"(公子突),從告也。文連"祭仲",故不言"鄭"。

不信挈突之説,故以爲從告。祭仲有義例,鄭突有義例,獨突無義例,何所見而云然?

經：鄭忽(公子忽)出奔衞。

忽,昭公也。莊公既葬,不稱爵者(不稱"鄭伯"),鄭人賤之,以名赴。

<small>諸侯踰年乃稱爵,在喪稱"子"。鄭在喪例稱"伯",不關葬不葬。此從失地例,貶之。"鄭人賤之,以名赴",杜何所見？殊非經旨。</small>

經：柔(魯大夫)會宋公、陳侯、蔡叔,盟于折(地名,不詳何地)。

蔡叔,蔡大夫。叔,名也。

<small>"叔"爲字,《春秋》通例也。以"叔"爲名,敢爲此説者,欲蔡叔與祭仲相對成文耳,誤中生誤,不可詰究矣。</small>

傳：雍氏宗(爲人所尊仰),有寵于宋莊公,故誘祭仲而執之。

祭仲之如宋,非會非聘,見誘而以行人應命。

<small>聘、會乃稱"行人",有別事則不稱"行人"。</small>

經：秋,七月,丁亥,公會宋公、燕(國名,姞姓,後人稱爲南燕,故城在今河南省延津縣東北)人,盟于穀丘(宋邑,在今河南省商丘市東南,或在今山東省菏澤市東北)。

燕人,南燕大夫。

<small>燕人,君(指燕國國君)也。大國君不會小國大夫。君稱"人",以見其微。</small>

經：八月,壬辰,陳侯躍(陳厲公名)卒。

不書"葬",魯不會(會葬)也。

此説不通，駁已見前，下不詳言。

經：丙戌，衛侯晉（衛宣公名）**卒。**

重書"丙戌"（上經云"丙午，公會鄭伯，盟于武父"，今又云"丙午，衛侯晉卒"，故杜注云"重書'丙午'"），非義例，因史成文也。

重書"丙戌"，使（假使）非特筆，孔子當日何不刊正之？豈此重複處，孔子亦未嘗見之耶？

經：十有三年，春，二月，公會紀侯、鄭伯。己巳，及齊侯、宋公、衛侯、燕人戰，齊師、宋師、衛師、燕師敗績。

或稱"人"，或稱"師"，史異辭也。

燕非十九國，又小，故稱"人"以異其文。本傳本有稱"人"之例，以爲史異辭，即史亦當有義，豈史任意妄書無義例耶？然則不得謂之秉周禮矣。

衛宣公未葬，惠公（衛惠公，經稱"衛侯"）稱爵以接鄰國，非禮也。

踰年稱"侯"，不以葬爲斷，故魯于文元年先書"公即位"，此通例也。杜氏蓋承漢師之誤。又，魯于元年書"葬我君"亦同此。

經：御廩（國君的糧倉，藏公所親耕用以祭祀的糧食）**災。**

天火（由雷電或物體自燃等自然原因引起的大火）曰"災"。例在宣十六年。（宣公十六年傳："凡火，人火曰'火'，天火曰'災'。"）

内皆曰"災"，不分災、火。不當引内、外異辭之例。

經：乙亥，嘗（嘗祭，每年夏正七月舉行）。

先其時，亦過也。

秋，八月，嘗時也。以爲先時，誤讀傳文。

經：五月，鄭伯突（公子突）出奔蔡。

突既篡立，權不足以自固，又不倚任祭仲，反與小臣（雍糾）造賊盜之計，故以自奔爲文，罪之也。例在昭三年。（昭公三年傳："書曰：'北燕伯款出奔齊'，罪之也。"今言"鄭伯突出奔"，亦罪之也。）

杜多罪上（君）之言，專爲司馬氏而發。名乃罪之，自奔爲文，例皆如此。

經：鄭世子忽（後即位稱鄭昭公）復歸于鄭。

稱"世子"者，忽爲太子，有母氏之寵，宗卿之援，有功于諸侯，此太子之盛者也；而守介節（小節），以失大國（齊國）之助，知三公子（公子突、公子儀、公子亹）之強，不從祭仲之言，修小善，絜小行，從匹夫之仁，忘社稷之大計，故君子謂之"善自爲謀"，言不能謀國也。父卒而不能自君，鄭人亦不君之，出則降名以赴，入則逆以太子之禮。始于見逐，終于見殺，三公子更立。亂鄭國者，實忽之由。"復歸"例在成十八年。（成公十八年傳："復其位，曰'復歸'。"）

以不昏（同"婚"）爲説，大失經旨。

"出則降名以赴，入則逆以太子之禮"，杜氏臆説此言，即以爲昭公之罪，亦冤矣哉！

稱"世子"，明其當立，得天倫之正，所以惡突（鄭厲公）奪嫡。經義正大，杜乃反以爲譏刺鄭昭，大謬。

經：許叔入于許。

許人嘉之，以字（杜預以"叔"爲字）告也。

《春秋》以兄終弟及之詞許之。稱"叔"，不必言赴告。

叔本不去國，雖稱"入"，非"國逆"例。（成公十八年傳：

"凡去其國,國逆而立之,曰'入'。"此即"國逆"例。)

足見凡例當補,不可以一凡盡説諸經。又,"國逆"乃"順逆"之"逆",杜誤讀爲"迎逆",故于傳多不合。

經：邾人、牟人、葛人來朝（諸侯朝見天子,或附庸之國朝見宗主國曰"朝"）。

三人皆附庸之世子,其君應稱名,故其子降稱"人"。

有天王喪來朝,稱"人",貶之,董子説是也。杜以爲附庸已怪,以爲附庸之子尤怪。同時有三世子來朝,其爲意想所不到。

經：秋,九月,鄭伯突入于櫟（櫟爲鄭之大都,在今河南省禹州市）。

未得國,直書"入",無義例也。

邑固無言"歸"例,但書"入",容是惡之。"入"爲内弗受,《春秋》惡突言"入"。凡"入"皆譏,非無義例。

經：夏,四月,公會宋公、衛侯、陳侯、蔡侯伐鄭（爲謀立鄭厲公而伐鄭昭公）。

蔡常在衛上,今序陳下,蓋後至。

陳、蔡、衛三稱侯國,次序無定。杜説似是而非,不能以例其餘。

經：秋,七月,公至自伐鄭。

用"飲至"之禮,故書。（桓公二年傳："凡公行,告於宗廟;反行,飲至、舍爵、策勳焉,禮也。"）

因經書"至",言飲至之禮,傳"入而飲至"是也,不爲飲至乃書。傳言禮制,經書別有義例。

經：冬，城向（國名，見于隱公二年，現屬魯，在今山東省莒南縣）。

傳曰"書，時也"，而下有"十一月"，舊説因謂傳誤。此"城向"亦俱是十一月，但本事異，各隨本事①而書之耳②。經書"夏，叔弓（魯大夫，又稱敬子，叔老子）如滕。五月，葬滕成公。"傳云："五月，叔弓如滕。"即知但稱時者，未必與下月異也。

信如杜説，同一月事，先一事時，後一事月，何不于前事冠以月？此日月例之説也。杜不信日月例，而所言乃如此。劉氏（劉炫）引傳解經，每有失檢之事，而傳文日月最多筆誤。此類以經爲斷。傳文前後本無深義，杜以此爲大例，每于此等立例説之，皆爲贅文。傳以"五月，叔弓如滕"、"葬滕成公"，因葬時連彙言之耳。經書"夏"，如五月葬，明如例時、葬例月，與會下見日月書監同。經之書"夏"，決在四月，不可據連文之傳以改經例。

經：十有一月，衞侯朔（衞惠公）出奔齊。

惠公也。朔讒搆取國，故不言二公子逐（左公子泄、右公子職立公子黔牟而逐朔），罪之也。

《春秋》君出奔，皆其臣逐之也，從無書臣逐君之文。如杜説，朔無罪，則當云"二公子逐之"耶？朔亦二公子之君也，《春秋》何常③有以臣逐君之明文？此爲常例，不言"逐"爲罪之，故不罪則當云"二公子逐朔"耶？怪誕已極。

經：夏，五月，丙午，及齊師戰于奚（魯邊邑，在今山東省滕州市）。

皆陳（同"陣"，下同）曰"戰"。

---

① "事"字衍，據《左傳》當刪。
② "耳"字原脱，據《左傳》補。
③ 據文義，"常"當做"嘗"。

此魯敗也，內諱敗，不言"敗"，言"戰"則敗矣。傳例"未陣曰敗"，乃外諸侯平等之例，不可以説魯事。傳據以爲説，皆傳與例合者；傳無明文者，皆非其例，不可推以説之。

經：癸巳①，葬蔡桓侯。

稱"侯"，蓋謬誤。（經文於諸侯葬稱"公"不稱"侯"，故杜於此言"稱'侯'，蓋謬誤"。）

以經爲誤，猶爲抄寫之失。以"謬"爲言，不罵史官，則罵孔子矣，可謂膽大。序云不知"以俟②後賢"，何不闕疑耶？以一見例，説詳《補証》（廖平《公羊補證》）。

傳：秋，蔡季（蔡桓侯封人之弟，名獻舞，即位稱蔡哀公）**自陳歸于蔡。蔡人嘉之也。**

嘉之，故以字（杜預以"季"爲字）告。

以"赴告"爲説，後人萬不敢憑空言之，故凡杜言"赴告"者，今皆以爲《春秋》例。縱使果如杜言，既經孔子之修，亦爲經例。以經説之，可以包赴告，但云"赴告"即杜氏無義例之説，一仍史之舊文，則《春秋》乃雜湊之史書，無一點是經文矣。

經：夏，四月，丙子，公薨于齊。

不言"戕"，諱之也。戕例在宣十八年。（宣公十八年傳："凡自虐其君曰'弒'，自外曰'戕'。"今魯桓公被殺於齊，按經例當言"戕"，今諱之，故經文不言"戕"而言"薨"。）

鄭君説："加虐乃曰'戕'，不加虐仍爲'殺'。"（鄭玄《駁五經異義》："雖他國君，不加虐，亦曰殺。若加虐殺之，乃謂之戕之，取殘賊之意也。若自上

---

① "癸巳"原誤作"癸未"，據《左傳》改。
② "俟"原誤作"待"，據《春秋左傳序》改。

殺下,及兩下自相殺之等,皆曰殺。")《春秋》惟一言"戕",餘皆言"殺"是也。此不當言"戕",非爲諱,乃不言。

經：丁酉,公之喪至自齊。

告廟也。

公喪至,固應告廟。然喪至重事,使或不告,則經果不書耶？以"告廟"説公至,已爲不通傳義,至以説夫人至、公喪至,則更爲無理之尤矣。

傳[①]**：齊人殺彭生**（齊大夫）。

不書,非卿。

無論是卿非卿,例不書。書則公見弑于外之事顯,非諱莫如深之意。

莊公篇第三

經：夏,單伯送王姬。

單伯,天子卿也。單,地。伯,爵也。

單伯,天子大夫,爲監于我者,非卿,單子乃卿。伯,字也。天子大夫不名,故稱字。言"送王姬",自其初來言之。單伯從京師至魯,兼送女之事,故言"送王姬",如祭仲來兼聘,禮也。

經：秋,築王姬之館于外。

公在諒闇（居喪時所居之所,此指喪期）,慮齊侯（齊襄公）當親迎,不忍便以禮接于廟,又不敢逆（違逆）王命,故築舍（王姬之館,以供王姬所居）于外。

當日本在内行禮,無待于築,《春秋》諱言其事,故以"于外"外之,不使齊

---

① "傳"原誤作"經",據《左傳》改。

侯與魯爲禮。莊公忘親事仇，無所不至，撥亂反正，爲《春秋》之功，非當日早已外之也。"外"，如鄭人于楚公子圍事（見昭公元年傳）。

經：王姬歸于齊。

不書"逆"，公不與接（接禮）**。**

不書齊侯之逆，諱與齊主昏也。實與公接，諱而不書，杜說適與經反。果如杜說，豈公接便可言耶？

傳：元年，春，不稱"即位"（經文不書"即位"），**文姜**（魯桓公夫人，莊公之母）**出故也。**

莊公父弒母出，故不忍行即位之禮。據文姜未還，故傳稱"文姜出故也"。

父弒不言即位，以見有恩于先君。"文姜出"，即爲弒之變文。漢師云："四公皆實即位，①孔子修經乃有不書"，（宋魏了翁《春秋左傳要義》："舊說賈服之徒以爲四公皆實即位，孔子修經乃有不書，故杜詳辨之。"）以爲不行禮，是不得"即位"二字之解。即位大事，母（同"毋"）論行禮不行禮，必當書之。以此見"文姜出"即與②弒之變文。

姜（文姜）**于是感公意而還，不書，不告廟。**

經言"夫人孫于齊"，實則夫人至自齊也。公逆之而還，不書"至"者，方以孫絶之于齊，豈有反書"至"之理？如杜說，使"告廟"則必且書"至"耶？此條尤爲乖謬。

傳：三月，夫人孫（同"遜"，當時人若言及國君或夫人之奔，不

---

① 《春秋》經文於隱公、莊公、閔公、僖公不言"即位"，實際上四公皆已即位。經文不言"即位"者，皆有他故也。隱公"不書即位，攝也"；桓公"不稱即位，文姜出故也"；閔公"不書即位，亂故也"；僖公"不稱即位，公出故也"。
② 據文意，"與"當作"爲"。

言"奔"而言"遜"。"奔"是直言其事,"遜"是婉曲之辭)**于齊。不稱"姜氏"**(經文稱"夫人",不稱"姜氏"),**絕不爲親,禮也。**

姜氏,齊姓。于文姜之義,宜與齊絕,而復奔齊,故于其奔,去姜氏以示義。

如杜説,文姜正月以後乃歸,三月又孫于齊矣。(杜氏)好異古説,故其失如此。不稱"姜氏",尊父以討母,非因孫齊乃貶絕之。姜氏實未孫齊,如杜説,則經去"姜氏"正爲失刑矣。

經[①]**:夏,公子慶父**(杜預以爲是莊公庶兄,廖平從《公羊》説,以爲慶父是莊公同母弟)**帥師伐於餘丘**(近魯小國)**。**

於餘丘,國名。莊公時年十五,則慶父莊公庶兄。

於餘丘豈得爲國名?此邾邑也。[②] 口繋言"邾","邾"音轉爲"於"。句(句讀)。"餘丘"乃邑名。慶父雖幼,自帥師,以爲弑君之先見。此事公在師中,非慶父自將。以爲庶兄,與古説相反。

經[③]**:冬,十有二月,夫人姜氏**(文姜)**會齊侯**(齊襄公)**于禚**(zhuó,齊國地名,在今山東省長清區)**。**

夫人行不以禮,故還皆不書,不告廟也。

以"告廟"説夫人,至爲節外生枝。因不"告廟"乃不書"至",亦不得經意。

經:三月,紀伯姬(魯女嫁於紀國國君爲夫人者)**卒。**

隱公二年裂繻所逆者。内女惟諸侯夫人卒、葬[④]皆

---

① "經"原誤作"傳",據《左傳》改。
② 此取《公羊》、《穀梁》義,楊伯峻《春秋左傳注》已駁之。
③ "經"原誤作"傳",據《左傳》改。
④ "葬"字原脱,據《左傳》杜注補。

書,恩成于敵體。

　　有所見乃書,餘則否。適(往,嫁於)大夫者卑,經不藉以見義,故不書耳。内女適諸侯者不止見經數人也,書"卒"而已,不書"葬"。書"葬"皆有所起,爲一見例。

　　經:六月,乙丑,齊侯①葬紀伯姬。

　　紀季入酅(xī,紀國邑名,在今山東省淄博市臨淄區東),爲齊附庸,而紀侯大去(去而不返)其國,齊侯加禮初附(紀國新爲齊國附庸),以崇厚義,故攝(攝盛)伯姬之喪,而以紀國夫人禮葬之。

　　此正説以諸侯禮,反譏先師以諸侯説之,何也?

　　經:冬,公及齊人狩于禚。

　　公越竟(同"境")與齊微者俱狩,失禮可知。

　　"齊人"者,齊侯也。諱與齊侯狩,故貶稱"人"。以爲微者,(杜説)大失經旨。

　　傳:五年,秋,郳(ní,魯附庸小國)**黎來**(郳國國君名)**來朝。名**(經文直書其名"黎來"),**未王命也。**

　　未受②爵命爲諸侯,傳發附庸稱名例也。其後數從齊桓以尊王室,王命以爲小邾子。

　　後稱"小邾子",即附庸不能以名通之實証。稱"子","子"非爵,亦非王命之乃稱"子"。此爲一見例。

---

① "侯"字原脱,據《左傳》經文補。
② "受"字原脱,據《左傳》杜注補。

經：夏,六月,衛侯朔(衛惠公)入于衛。

朔爲諸侯所納,不稱"歸"而以國逆爲文。朔懼失衆心,以國逆告也。歸、入例在成十八年。(成公十八年傳:"凡去其國,國逆而立之曰'入',諸侯納之曰'歸'。")

此書"入"而名("朔"爲衛惠公名),惡朔也。成十八年"歸"、"入"凡(歸、入之凡例),杜解最誤。"歸"凡爲諸侯專條,納之乃大夫自某歸之例,不可以諸侯納諸侯爲當言"歸"。又,"國逆而立"乃"順逆"之"逆",非"迎逆"之"逆",故經、傳與杜説不合,據此足見其誤。

稱名(即稱"朔"),絕之也。"入"者,以惡也。傳以惡曰"復入",包"入"而言,内弗受,有拒難之詞,故言"入"。《春秋》言"入",惡之,非仍告詞。

經：冬,齊人來歸(饋送)衛俘(或作"寶")。

《公羊》、《穀梁》經、傳皆言"衛寶",此傳亦言"寶",惟此經言"俘",疑經誤。

當求其形近相誤之故,動云"經誤",則是以經原誤,非字誤之過。

經：夏,四月,辛卯,夜,恆星不見。

蓋時無雲,日光不以昏没。

經云"恆星不見",不必更計雲之有無矣。"夜",二《傳》作"夕",與"昏"字有别。昏時不見星,不足爲異。"夜"字蓋直貫至夜中,夜明亦不必以日光。

經：夜中,星隕如雨。

"如",而也。夜半乃有雲,星落而且雨,其數多,皆記異也。

傳以"如"爲"而"。(星隕)而雨,星隕且雨也。不必言"雲",豈以雨必先雲耶？亦不必言"其數多"，言"多"，似以"如雨"爲"似雨"矣。

經：秋，師還。

時史善公克己復禮，全軍而歸，故特書"師還"。

《穀梁》以"還"爲"善"，與傳"君子是以善魯莊公"（見莊公八年傳）同。"君子"，謂作述《春秋》者。傳與二傳本同，杜不以爲經善之，而必歸于史，此蹈以史爲經之弊。

傳：秋，師還。君子是以善魯莊公。

傳言經所以即用舊史之文。

"還"爲經善例，故言君子善之。杜以書"還"爲史，又以爲經仍史文，皆臆造之說。

杜每以傳爲據國史而作，蓋承東漢以下僞説。今據其説，有十八可疑：據傳言史，只經文一句，所記言行不出史文，一也；傳魯事多經所不書，杜以爲簡牘之文，然簡牘即爲史文，而仍止總綱一語，以下記事，悉非史所有，二也；外國不赴告之事，魯所不記而傳有之，三也；外事赴告必大事，又文不能詳，今傳記外事多及瑣屑，必非魯史所有，四也；如經爲綱，傳爲目，皆爲史文，若《通鑑綱目》之例，則傳説當于見經事例發傳，今傳于見經事或無傳，而詳其説于不見經之條，足見傳文非綱目之比，五也；有經即有傳，而二傳所不詳之事，傳當詳之，今詳則皆詳，略則皆略，傳不必本於史文，六也；記事之文多樸質，如二傳言事多樸質之文，今傳浮夸，動引《詩》、《書》、禮制爲説，七也；記事之文與經説不合，故二傳記事之文皆與經無干，今傳文皆與經合，爲傳例所本，與時事不合，必非史文，八也；如果史文，詳略當各相同，今隱、桓之文略，定、哀之文詳，必非緣史而作，九也；因史作傳，莊公不應七年傳全不及經事，十也；史但言事與經意不必合，今有解經語，必非史文可知，十一也；以爲史文，則全爲周公之典，非仲尼之經，與孔子修《春秋》改制之説不合，十二也；孔子作六經，皆爲素王之制，史爲國制，不能與之皆合，今傳與六經相通，全爲素王之制，與周制不合，十三也；六藝作于孔子，今傳文皆據已定言之,中多六經師説,出于七十子之徒,非史所有,十四也;《國語》分國爲篇,不與六經相應,孔子卒後之傳不附經而行,既無史文,而猶有傳,十五也;魯國史不應詳于外而略於内,今外詳而内略,十六也;《春秋》不詳越事,而《國語》有《越語》,十七也;如據史作傳,則當編年,依經立傳,今《國語》分國不編年,十八也。凡此十八事,皆爲非史文之証。由是而推,其証無窮。左氏蓋博雅君子,身通六藝,記大而略小,詳近而略遠,不獨爲《春秋》作傳。動以國史言之,此東漢以後之僞説,不可以説《春秋》者也。

經:**公及齊大夫盟于蔇**(jì,魯地,在今山東省蒼山縣)。

來者非一人,故不稱①名。

齊無君,不應稱名(齊大夫名)耳。凡書"來"者,皆有賓、介,不止一人,但書其尊者,豈爲"非一人"乃不名?

經:**九月,齊人取子糾**(公子糾,公子小白異母兄)**殺之**。

公子爲賊亂則書。齊實告"殺"而書齊"取"、"殺"者,時史惡齊志在譎以求管仲,非不忍其親,故極言之。

稱"子",明當立。本魯人自殺之,經諱爲齊所迫,故書齊人"取"、"殺",歸惡於齊也,如取田然。責内不自強,方欲立而又殺,不自得。

經:**十年,春,王正月,公敗齊師於長勺**(魯地,在今山東省萊蕪市東北)。

齊人雖成列(作戰陣列),魯以權譎稽之,列成②而不得用,故以未陳(同"陣",下同)爲文。例在十一年。(莊公十一年傳:"凡師,敵未陳曰'敗某師',皆陳曰'戰'。"此經文言"敗"不言"戰",故傳文曰"以未陳爲文"。)

---

① "稱"字原脱,據《左傳》杜注補。
② "列成"原作"成列",據《左傳》杜注乙正。

考傳文,齊實早成列矣。經不言"戰"者,此爲内外例,内敗外,直言"敗",不言"戰",不關陳未陳。杜不明内外例,泥於十一年傳文,以爲通例,故雖已陳,猶以未陳之例言之,足見其説之不通。未陳,猶言不敢相敵耳。

經:九月,荆敗蔡師于莘(shēn,蔡地,在今河南省汝南縣)。

荆,楚本號,後改爲楚。楚僻陋在夷,于此始通中國①,然告命之辭②,猶未合典禮,故不稱將帥。

荆爲州名,州舉之説是也。楚爲中國害不始于此,經至此乃書楚,先治中國,後治夷狄也。不稱將帥即州舉之例,《春秋》略之耳。

經:夏,五月,戊寅,公敗宋師于鄑(zī,魯地,在宋、魯之間)。

傳例曰:"敵未陳,曰'敗某師'。"

此内例偶與外同者,外以不陳不言戰,内則内敗不言戰。此經以内而遇不陳之事,自當兼以未陳爲説。如杜説,則傳無内外例,而魯之勝外,亦非情理所有。

經:秋,宋大水(即水災)。

公使弔之,故書。

因書乃記弔事,非因弔乃書外災。王後、外大國、内方伯例得書災;以外夷狄、小國雖告與弔,亦不書之。

傳:十一年,夏,宋爲乘丘(魯地,在今山東省兗州市)**之役故侵我。公禦之。宋師未陳而薄**(迫近)**之,敗諸鄑。凡**

---

① "中國"原作"上國",據《左傳》杜注改。
② "辭"原誤作"詞",據《左傳》杜注改。

師①，敵未陳曰"敗某師"。

通謂設權譎變詐以勝敵，彼我不得成列，成列而不得用，故以未陳獨敗爲文。

此爲言"敗"不言"戰"本例。凡有內外尊卑大小者，則有變例，如外弒君曰"戕"。鄭補二例是也。此內外例與事實偶合者耳，杜誤以爲通例。

傳：皆陳曰"戰"。

堅而有備，各得其所，成敗決于志力者也。

內諱敗言"戰"，內外例當補。凡無尊卑內外之分，平等之詞，乃用此例。

經：秋，八月②，甲午，宋萬（宋大夫南宮長萬）**弒其君捷**（宋閔公名）**及其大夫仇牧。**

萬及仇牧皆宋卿。仇牧稱名，不警而遇賊，無善事可褒③。

萬非卿。仇牧能殉君難，死不避難，直書而美自見。弒事出于倉卒，乃以不警譏之，過矣。亦爲死北闕之難者而發。

經：單伯會伐宋。

既伐宋，單伯乃至，故曰"會伐宋"。單伯，周大夫。

單伯，天子大夫，爲監于魯者。言"會伐"，內大夫之例。若周大夫，不得言"會伐"。齊請師於周，天子乃命魯以監者帥師會之，非王臣帥王師以會伐也。

---

① "師"字原脫，據《左傳》補。
② "八月"原誤作"七月"，據《左傳》經文改。
③ "褒"原誤作"稱"，據《左傳》杜注改。

經：冬，單伯會齊侯、宋公、衛侯、鄭伯于鄄（juàn，衛地，在今山東省鄄城縣）。

齊桓修霸業，卒平宋亂，宋人服從，欲歸功天子，故赴以單伯會諸侯爲文。

單伯，監魯者，故經言會諸侯。魯臣自當如此，豈因赴而然。

經：冬，十有二月，會齊侯、宋公、陳侯、衛侯、鄭伯、許男、滑伯、滕子，同盟于幽（宋地，在今河南省蘭考縣境內）。

陳國小，每會盟皆在衛下。齊桓始霸，楚亦始強，陳侯介于二大國之間而爲三恪（周朝新立，封前代三王朝的子孫以王侯名號，稱三恪，以示敬重。三恪之稱不一，或曰陳爲舜後）之客，故齊桓因而進之，遂班（班次）在衛上，終於《春秋》。

陳、衛、蔡三國次序無定，以起其餘之有定。陳非小國，經偶書衛上耳，豈齊侯進之耶？諸侯次序不用三恪說。

經：郳子（子爵）克（郳子名）卒。

克，儀父名。稱"子"者，齊桓請王命以爲諸侯，再同盟。

《春秋》進之，不必言齊桓請命，此本漢師說而誤者。據此，知杜于先師說合己者用之，異己者駁之，實多用舊說。

經：十有七年，春，齊人執鄭詹。

詹爲鄭執政大臣，詣齊見執。不稱"行人"，罪之也。行人例在襄十一年。

詹不氏，二傳微者之說是也。（杜注）以爲"執政大臣"，何所據而云然？以爲"詣齊見執"，更爲臆造。

經：夏，齊人殲（盡也，殺光）于遂（國名，嬀姓，在今山東省寧陽縣西北）。

齊人戍遂，翫（wán，同"玩"）而無備，遂人討而盡殺之，故時史因以自盡爲文。

此《春秋》特筆，以爲翫敵之戒。時史之文，何以知之？

傳：虢公、晉侯、鄭伯使原莊公（周卿士）逆王后於陳。陳嬀歸於京師。

虢、晉朝王，鄭伯又以齊執其卿，故求王爲援，（虢公、晉侯、鄭伯）皆在周，倡義爲王定昏。陳人敬從①，得同姓宗國之禮，故傳詳其事。不書，不告。

此諸侯女惟王后行不書之確証。有所見乃書，非不告也。鄭伯以執其卿，求援于周，傳何常有此義？

經：秋，公子結媵（陪嫁）陳人之婦于鄄，遂及齊侯、宋公盟。

公子結，魯大夫。《公羊》、《穀梁》皆以爲②魯女媵陳侯之婦，其稱陳人之婦，未入國，略言也。大夫出竟（同"境"），有可以安社稷利國家者，則③專之可也。結（公子結）在鄄，聞齊、宋有會，權事之宜，去其本職，遂與二君爲盟，故備書之。本非魯公意，而又失媵陳之好，故冬各來伐。

直抄二傳，乃譏漢師膚引二傳，何也？本傳無文，先師引二傳相補，一也。何以許自引，不許先師引之耶？

---

① "從"原誤作"服"，據《左傳》杜注改。
② "爲"字原脱，據《左傳》杜注補。
③ "則"字原脱，據《左傳》杜注補。

經：夫人姜氏(文姜)如莒(國名,己姓,舊都介根,在今山東省膠州市西南,後遷莒,在今山東省莒縣)。

非父母國而往,書(書於經),姦。

無傳,闕疑可也。逆詐之言,恐為誣謗。

經：秋,七月,戊戌,夫人姜氏(文姜)薨。

薨寢(薨於正寢),祔(fù,將後死者的神位附於先祖旁而祭曰祔)姑(祖姑),赴于諸侯,故具小君禮書之。

本為夫人,自應稱夫人,豈以一時禮節厚薄而亂嫡庶之名分耶？誤解傳文,故為此謬說。

經：癸丑,葬我小君(國君夫人稱小君)文姜。

反哭成喪,故稱"小君"。

夫人、小君一稱也,苟非"反哭成喪",則不稱小君耶？誤解傳文,其謬如此。

經：秋,七月,丙申,及齊高傒盟于防(魯地,在今山東省費縣東北)。

高傒,齊之貴卿,而與魯之微者盟。齊桓謙接諸侯,以崇霸業。

諱公與大夫盟耳,非微者。以(與)微者之盟,不日。

經：冬,公如齊納幣(即納徵,向女方交納彩禮,婚禮中的重要儀節之一)。

母喪未再期而圖昏,二傳不見所譏,左氏又無傳,失禮明故。

足見本傳無文，杜據二傳爲説，何必譏先師膚引二傳。

經：祭叔(周天子使者)**來聘**。

《穀梁》以祭叔爲祭公，來聘魯。天子内臣不得外交，故不言"使"，不與其得使聘。

祭公爲王臣三公。祭叔者，稱字，天子大夫，與祭伯、祭仲同氏"祭"，以見王臣爲監之例。"公"、"叔"尊卑相懸，以祭叔爲祭公，誣《穀梁》甚矣。《穀梁》云"内臣"，即謂爲魯監者耳，非謂爲天子内臣也。

經：荆(楚)**人來聘**。

不書荆子使某來聘，君臣同辭者①，蓋楚之始通，未成其禮。

州舉稱"人"，小進之言"聘"，次乃書君。使(使者)不氏大夫(即使者爲大夫不稱氏)，終乃有大夫名氏。此《春秋》漸進之例，用夏變夷之道。

經：蕭叔(宋附庸蕭國君，名大心)**朝公**(魯莊公)。

叔，名。

"叔"非名，與祭仲、祭叔、孔父同。

傳：非是，君不舉矣，君舉必書。

書于策。

此爲史法大例，説云非公命不書、公不與不書，皆從此出。史文君舉必書，一年之中，必成卷帙。如下言公不視朔，則以前皆視朔矣，即此一事，一年當書十二次，則其餘可推。經文甚少，皆孔子削之也。

---

① "者"原誤作"也"，據《左傳》杜注改。

經：八月，丁丑，夫人姜氏(哀姜)入。

《公羊傳》以爲姜氏要(約，約定)公，不與公俱入，蓋以孟任(莊公妾)故。

用《公羊》明說，忽又易楚女爲孟任，進退失據。

經：郭公(其人不詳)。

蓋經闕誤也。自曹羈以下，《公》、《穀》之說既不了(明了，明白)，又不可通之于《左氏》，故不采用。

此杜氏情屈求白之詞，足見倚二傳爲重。

經：冬，公子友如陳。

諸魯出朝、聘皆書"如"。不果彼國必成其禮，故不稱"朝"、"聘"，《春秋》之常也。公子友，莊公之母弟。稱"公子"者，史策之通言。母弟至親，異于他臣，其相殺害，則稱"弟"以示義。至于嘉好之事，兄弟篤睦，非例所與。或稱"弟"，或稱"公子"，仍舊史之文也。母弟例在宣十七年。(宣公十七年傳："凡大子之母弟，公在曰'公子'，不在曰'弟'。凡稱'弟'，皆母弟也。")

朝、聘言"如"，內外之例如此。公如朝，大夫如聘，無待言，豈因不果成禮乃不言之？經成不成(成禮與否)，皆言"如"也。以史策爲言，非說經之體。"公子"稱，方以爲例，忽又不以爲例。魯事既不可以赴告言，則直以爲史文無例，《春秋》亦無例矣。

傳：夏，六月，辛未，朔，日有食之。鼓(伐鼓、擊鼓)，用牲(犧牲，祭祀用的牲牢)于社(社廟)，非常也。

非常鼓之月。《長曆》推之，辛未實七月朔，置閏失所,故致月錯。

杜氏《長曆》,所謂畫鬼神也,駁者已多,今于此類一并從略。

經：曹殺其大夫。

不稱名,非其罪。例在文七年。(文公七年傳:"不稱名,衆也,且言非其罪也。")

惟卿爲大夫,曹小國,非卿,故不名以起之。杜以不名爲無罪,誤以大國例説小國。

經：夏,六月,公會齊侯、宋公、陳侯、鄭伯同盟于幽(宋地,在今河南蘭考縣内)**。秋,公子友如陳,葬原仲。**

原仲,陳大夫。原,氏。仲,字也。禮,臣既卒不名,故稱字。季友違禮會外①大夫葬,具見其事,亦所以知譏。

"原"爲王畿邑名,傳証最多。原仲,天子爲監于陳之大夫也,故不名,非以卒不名。禮有不名之譏,説不可以例名。凡列國大夫單稱字,氏王采者、監者(王之采者、監者皆稱氏)。

經：杞伯來朝。

稱"伯"者,蓋爲時王所黜。

上稱"侯"爲見本侯,此稱"伯"爲託號。侯、子、伯,一也,豈爲時王乃稱"伯"不稱"侯"?

經：二十有八年,春,王三月,甲寅,齊人伐衛。衛人及齊人戰,衛人敗績。

齊侯稱"人"者,諱取賂而還,以賤者告。不地者(不言

---

① "外"字原脱,據《左傳》杜注補。

所戰之地),史失之。

齊侯稱"人",貶之也。杜以諸侯不以稱"人"爲貶,非也。"不地者",戰于城下,既出衛,可以不地,奈何以爲史失?

經:大無麥、禾。
書于冬者,五穀畢入,計食不足而後書也。
易以避凶年築臺之言而爲此說。

傳:二十九年,春,新作延廄(jiù,馬棚。延,此馬棚之名)。書,不時也。
經無"作"字,蓋闕。
傳以"作"字釋"新"字耳。經三傳皆同,何得輕言闕誤?據傳文以疑經,非也。

經:七月,癸巳,公子牙卒(莊公弟叔牙,一名僖叔)。
飲酖(毒酒)而死,不以罪告(告廟),故得書卒。書日者(公子牙死日,即"七月,癸巳"),公有疾,不責公不與小斂(按經例,大夫卒,公視小殮則書日)。
傳于內事,無赴告之例。此以告爲告罪,謂告廟不以罪,可謂迂曲之至,不知乃《春秋》諱之也。大夫卒日(書日),正也。諱之,從正卒例,不必以小斂爲說。

經:八月,癸亥,公薨于路寢。
路寢,正寢也。公薨,皆書其所,詳凶變。
弒則不言地,所言未審。

經：冬，十月，己未，子般卒。

子般，莊公太子。先君未葬，故不稱爵（不稱太子）。不書殺（公子慶父使人殺之），諱之也。

<small>葬則稱爵，杜此説最謬。二傳云"未葬稱'子某'"、"既葬稱'子'"是也。</small>

經：公子慶父（莊公庶兄）如齊。

慶父既殺子般，季友出奔，國人不與，故懼而適齊，欲以求援。時無君，假赴告之禮而行。

<small>何以見假赴告而行？赴告本爲傳中史例，傳有明文者言之可也，無明文者不可言。杜好用其説，幾欲全經皆爲史文，其謬甚矣。</small>

閔公篇第四

經：季子來歸（自陳歸魯）。

季子，公子友之字。季子忠于社稷，爲國人所思，故賢而字①之。

<small>"季"爲字，"子"者尊稱，二傳"'字'不如'子'"是也。卒書"季友"，爲名，字（"季"爲字，"友"爲名）并見，非"季子"爲字。得其所曰"歸"，內有難，喜之，故言"來歸"，如女子大歸不返。</small>

經：九月，夫人姜氏②孫（同"遜"，出奔。下同）于邾③。

哀姜外淫，故孫稱"姜氏"。

<small>按，如杜意，當云"文姜弑君故去'姜氏'，哀姜罪輕故稱'姜氏'"。</small>

---

① "字"原誤作"立"，據《左傳》杜注改。
② 原文脱"姜氏"，據《左傳》補。
③ "邾"原誤作"齊"，據《左傳》經文改。

經：**齊高子**(高傒,齊大夫)**來盟**。

蓋高傒也。齊侯使來平魯亂(慶父之亂)，僖公(名申,莊公之子,閔公之弟)新立，因遂結盟，故不稱"使"也。魯人貴之，故不書名。"子"，男子之美稱。

《曲禮》："大夫入天子之國，曰'某士'，自稱曰'陪臣某'，于外曰'子'。"(《禮記·曲禮下》)鄭君(即鄭玄)說："'子'，有德之稱。《春秋》①曰：'齊高子來盟'。"按，稱"子"本爲禮制，庶邦小侯于外曰"子"，四夷雖大曰"子"，大國大夫于外曰"子"，足見"子"非爵。《春秋》"子"非爵，爲尊稱，不徒曰"男子之美稱"也。

僖公篇第五

經：**八月，公會齊侯、宋公、鄭伯、曹伯、邾人于檉**(chēng,宋地,在今河南省淮陽縣西北)。

公及其會而不書"盟"(本當書"公會齊侯、宋公、鄭伯、曹伯、邾人,盟于檉")，還不以盟告(告廟)。

齊桓盟，多不歃血，經言"會"以嘉之。公實與盟，則史當書盟。"告"謂告廟，豈史不據事實，又從告廟之詞而錄之耶？

經：**冬十月，壬午，公子友帥師敗莒師于酈**(lì,魯地,具體所在不詳)**，獲莒拏**(ná,莒國國君之弟)。

拏，莒子之弟。不書"弟"者，非卿。非卿，則不應書。

傳云"非卿"，謂非大夫卿之比，不謂拏非莒卿也。小國無大夫，從內錄之乃見，見則不氏，故不言"公子"、不言"弟"。小國卿卑，亦不言氏。非小國卿，則當書"弟"也。

---

① "春秋"，《禮記正義》作"魯春秋"。

經：十有二月，丁巳，夫人氏(哀姜)之喪至自齊。

僖公請而葬之，故告于廟而書"喪至"也。齊侯既殺哀姜，以其尸歸，絕之于魯，僖公請其喪而還。不稱"姜"，闕文。

> 喪至大事，例書，不爲告廟。不稱"姜"，絕之。不稱"姜氏"既爲例，則不稱"姜"亦例矣，豈可以爲闕文？

傳：元年，春，不稱"即位"，公出故也。

國亂，身出復入，故即位之禮有闕。

> 公出在去年，入亦在去年。于正月言公出，追叙禍亂，以明繼弒，所謂不以空言説經也。凡言"不稱"、"不書"，實皆有其事而經不書之詞。若無其事，傳不得云"不書"、"不稱"，此削例也。公實即位，而經不書之耳。去年出、入，與今年即位行禮、不行禮亦不相干。

傳：公出復入，不書，諱之也。諱國①惡，禮也。

掩惡揚善，義存君親，故通有諱例，皆當時臣子率意而隱，故無淺深常準。聖賢從之，以通人理，有時而②聽之可也。

> 《春秋》爲魯諱之，不必疑非良史直筆，又不必以爲《春秋》皆仍史文。

傳：邢(國名，姬姓，侯爵，在今河北省邢臺市)人潰，出奔師(齊、宋、曹次於聶北之師，經文云"齊師、宋師、曹師次于聶北"者是也)。

奔聶北(或曰在今山東省聊城市博平鎮)之師也。邢潰不書，不告也。

---

① "國"原誤作"君"，據《左傳》傳文改。
② "而"字原脱，據《左傳》杜注補。

不書邢潰,爲齊桓諱。見者不復見,言邢遷而潰可見,非不告不書。總之,傳無赴告明文,則不必推演其事。

傳：凡侯伯救患、分災(諸侯有天災,分穀帛之屬以賑之)**、討罪,禮也。**

侯伯,州長也。

侯伯,二伯也。

經：二年,春,王正月①,城楚丘(衛邑,在今河南省滑縣)**。**

楚丘,衛邑。不言城衛,衛未遷。

城楚丘,是遷衛也。不言城衛者,楚丘異地,不可言城衛也。云"衛未遷",未詳其意。

經：夏,五月,辛巳,葬我小君哀姜。

反哭成喪②,故稱"小君"。例在定十五年。(定公十五年傳:"不稱'小君',不成喪也。")

夫人例稱"小君",非因反哭乃稱。杜誤讀定十五年傳文,而故爲此謬説。

傳：公(齊桓公,下同)**懼,變色,禁之**(蔡姬在舟中搖蕩桓公,桓公懼,故加以制止)**,不可。公怒,歸之,未絶之也。蔡人嫁之**(嫁于他人)**也③。**

爲明年齊侵蔡傳。

---

① "王正月"原誤作"王二月",據《左傳》經文改。
② "喪"原誤作"哀",據《左傳》杜注改。
③ "也"字衍,據《左傳》傳文當刪。

本與四年傳文相連，因以傳附經割裂之，故爲此注，在劉(劉歆)本已然。特杜以傳附經，愈形割裂耳。

經：四年，秋，(魯僖公)**及江**(國名，嬴姓，在今河南省息縣西南)**人、黃**(國名，嬴姓，在今河南省潢川縣)**人伐陳。**

受齊命討陳之罪①，而以"與謀"爲文者，時齊不行(不參與伐陳)，使魯爲主。與謀例在宣七年。(宣公七年傳："凡師出，與謀曰'及'，不與某曰'會'。"今經文言"及"，故杜注依傳例言經以"與謀"爲文)

按，受齊命則不得爲"與謀"，且傳例"與謀曰及"，"及"爲"以"之字誤，説詳《五十凡考》故凡齊、晉皆無"與謀"之文。此之言"及"，由内及外之辭，以齊桓與諸侯及江、黃也，非魯別有謀，師説皆誤。

經：五年，春，晉侯(晉獻公)**殺其世子申生**(晉獻公太子)**。**

稱"晉侯"，惡用讒。書"春"，從告。

凡殺不目君，因殺其世子、母弟，乃目君，蓋其親也，不可目國，不因讒乃稱"晉侯"。經于晉，初見有緩書之例，不可以告言之。

經：秋，八月，諸侯(魯侯、齊侯、宋公、陳侯、衛侯、鄭伯、許男、曹伯及周惠王世子)**盟于首止**(衛地，在今河南省睢縣東南)**。**

王之世子，尊與王同。齊桓行霸，翼戴天子，尊崇王室，故殊貴世子(周惠王世子)。

以世子同王，尊卑無別矣。但云將繼體爲君，尊之異于王臣耳。

---

① "討陳之罪"四字原脱，據《左傳》杜注補。

經：冬，晉人執虞公(虞國國君)。

晉侯修虞之禮①，而歸其職貢于王，故不以滅同姓(晉、虞同爲姬姓諸侯國)爲譏。

《春秋》之例，見者不復見。滅同姓之例，于衞從重者一見之，故餘則從略。(此)謂因修祀職貢，乃不譏，經無此意。滅爲大事，不因此小善遂不以爲罪。

傳：十二月，丙子，朔，晉滅虢。虢公醜(虢公名)奔京師。

不書，不告也。

言滅下陽(虢地，在今山西省平陸縣北)而虞、虢舉，故不書滅虞、虢，非因不告。使告，不將重言一滅乎？

經：秋，楚人圍許(國名，姜姓，男爵，在今河南省許昌市)。

楚子(楚成王)不親圍，以圍者告。

據傳言"楚子"，"圍"則稱"人(楚人)"，爲貶之。《春秋》舉"圍"，非從告辭。杜以諸侯不以稱"人"爲貶，故于傳十四條有明文者亦改之，敢于自信而駁傳。

經：七年，春，齊人伐鄭。夏，小邾子來朝。

邾之別封，故曰"小邾"。

本爲別國異封，經則藉以見附庸之例。不稱"郳"，孟子所謂不能以名通、附于大國曰"附庸"者是也，故直稱"小邾"。

---

① "禮"原誤作"祀"，據《左傳》杜注改。

经①：郑杀其大夫申侯。

申侯，郑卿，专利（专谋私利）而不厌，故称名（杜注以为"申侯"为郑大夫名）以杀，罪之也。例在文六年。

文六年凡，当专为宋国例，不当推说别条。申侯当为寄公（失国后寄居别国的诸侯），非卿之称名也。

经：八年，春，王正月，公会王人（周王使者）、齐侯、宋公、卫侯、许男、曹伯、陈世子款，盟于洮（táo，地名，其北属鲁，其南属曹，在今山东省鄄城县西南）。

王人与诸侯盟不讥者，王室有难故。

《春秋》避盟王（周天子），世子、王臣在盟无讥词。杜此说无据。

经：郑伯乞盟。

新服未与会，故不序列，别言"乞盟"。

未至而使人求盟，故书"乞盟"。若至，则序之，非至而不序。

经：秋，七月，禘（大祭也。三年之丧毕，然后禘祀）于太庙，用致（以其木主致之于庙而列其昭穆）夫人（哀姜）。

夫人淫而与杀②（被杀），不薨于寝（正寝），于礼不应致。

"不薨于寝"，谓文姜薨于夷也。其云"不薨于寝"，即"与弑"而见讨于齐之实证。传不实目其罪，而以"不薨于寝"之微文说之，非"不薨于寝"便不致也。"不薨于寝"乃寻常之事，何得因此绝之于庙？杜乃据此以为通例，过矣。

---

① "经"字原无，据文例补。
② "杀"原误作"弑"，据《左传》杜注改。

經：夏,公會宰周公(即宰孔,食邑於周,爲周王室之太宰,故稱宰周公)、齊侯、宋子(宋襄公。按傳例,在喪公侯稱"子",時宋桓公未葬,故襄公稱"宋子")、衛侯、鄭伯、許男、曹伯于葵丘(在今河南省蘭考縣東)。

天子三公不字。

《公羊》:"天子三公稱公。"(《春秋公羊傳》:"天子三公者何?天子之相也。天子之相則何以三?自陝而東者周公主之,自陝而西者召公主之,一相處乎内。")易稱公爲不字,便失其理。

經：秋,七月,乙酉,伯姬卒。

《公羊》、《穀梁》曰:"未適人(嫁人),故不稱國。已許嫁,則以成人之禮書之①,不復殤(爲未成年而夭折者所行之喪禮)也。"(語出《左傳》僖公九年傳)婦人許嫁而笄(笄禮,女子之成人禮),猶丈夫之冠(冠禮,男子所行之成人禮)。

明用二傳以補本傳所不足。"未適人"(與"已許嫁")二語,説者之辭,非二傳明文。

經：冬,晉里克(晉大夫)殺其君(晉獻公)之子奚齊(晉獻公之子,驪姬所生)。

獻公未葬,奚齊未成君(即位稱君),故稱"君之子奚齊"。(奚齊)受命繼位無罪,故里克稱名(按傳例,稱名貶之)。

未踰年,例不稱名。舍之稱君,仍變例。目曰"君之子",惡其不正。未踰年,無正稱,詞窮也。

———————

① "之"字衍,據《左傳》杜注當刪。

傳：王使宰孔(周之太宰)賜齊侯胙(祭肉)。

尊之，比二王(文王、武王)後。

二伯之禮，不必言"二王後"。

傳：(天子)使孔(宰孔)賜伯舅(齊桓公)胙(祭肉)。

天子謂異姓諸侯曰"伯舅"。

天子謂異姓二伯曰"伯舅"，方伯曰"叔舅"，文見《曲禮》。以諸侯言之，失其尊卑之次。

傳：令(齊侯以諸侯之師伐晉之令)不及魯，故不書。

前已發不書例，今復①重發，嫌霸者(霸主)異于凡諸侯。

"令"與"命"同，以"令"爲言，獨見此條與赴告不同，此史例也。然則書二伯兵事不及魯者，皆爲史所不書，而《春秋》筆之矣。

經：狄滅溫(王畿内小國，在今河南省溫縣南)，溫子(傳稱蘇子，司寇蘇公之後，國於溫，故稱溫子)奔衞。

蓋中國之狄滅而居其土地。

此晉滅之，託于狄耳，故溫爲晉所據。

經：晉里克弑其君卓(卓子，晉獻公之子，驪姬娣所生，驪姬之子奚齊爲里克所殺，荀息欲立之，又爲里克所殺)及其大夫荀息(晉大夫)。

荀息稱名者，雖欲復言，本無遠謀，從君于昏。

---

① "復"原誤作"又"，據《左傳》杜注改。

漢師以爲善荀息者，直書其事而自見，不在稱名、稱字。今欲駁其説，但譏荀息可也，不必言稱名、不稱名。杜既改孔父稱字爲稱名，不爲善例，則于此不必以名爲説可也。是凡殺大夫稱名者，不爲例矣。若以名爲罪之，亦誤讀七年傳文。

經：晉殺其大夫里克。

奚齊者，先君所命，卓子又以在國嗣位，罪未爲無道，而里克親爲三怨之主，累弑二君（奚齊與卓子），故稱名以罪之。

不去"大夫"、稱"人"以"殺"者（即"晉殺"），殺之不以其罪。經不以稱名爲罪，杜誤據宋大夫"非其罪也"傳。（文公七年經："宋人殺其大夫。"傳："書曰：'宋人殺其大夫。'不稱名，衆也，且言非其罪也。"）

經：十有一年，春，晉殺其大夫丕鄭父（即丕鄭。父，男子尊稱）。

以私怨謀亂國，書名，罪之。

大夫殺，惟宋、曹二國不名，乃有別例。杜誤讀傳文，以爲不名無罪，名則爲罪。然則，惟二國大夫有無罪之人，餘皆有罪，又何必屢發傳耶？豈諸國大夫毫無一無罪者耶？不知經例，莫此爲甚。

經：秋，八月，辛卯，沙鹿崩（崩塌）。

沙鹿，山名，陽平元城縣（治所在今河北省大名縣東）東有沙鹿土山，在晉地。災害繫于所災所害，故不繫國。

名山、大川不以封（不分封於諸侯國），故不繫國。

傳：十四年，春，諸侯城緣陵（杞邑，在今山東省昌樂縣東南）而遷杞焉（杞爲避淮夷而遷都緣陵）。不書其人，有闕也。

闕,謂①器用不具,城池未固而去,爲惠不終也。
　　"闕"即離至不可得序,所謂散詞也。本謂其人有闕,不指器用。
　　澶淵之會(襄公二十年經:"夏,六月,庚申,公会晉侯、齊侯、宋公、衛侯、鄭伯、曹伯、莒子、邾子、滕子、薛伯、杞伯、小邾子盟于澶淵。"澶淵,在今河南省濮陽縣西南),**既而無歸,大夫不書**(書名),**而國別稱"人"**(經言"晉人、齊人、宋人、莒人、鄭人、曹人、莒人、邾人、滕人、薛人、杞人、小邾人"是也),**今此總曰"諸侯",君臣之詞**。
　　按,本經不書其人而言"諸侯",此略例,猶稱"諸侯",則非貶例矣。澶淵(澶淵之會),大夫(大夫之會)也,而稱"人",此貶之也。兩不書其人,文同而意異。稱諸侯爲略,非貶,故三見此例,貶例則多。既言貶,則君臣皆得同辭,貶(貶臣)爲奪爵,君貶與微者相同。既言褒貶,則有進退,不可以君臣之詞說之。杜氏此例,頗知決嫌明疑之處,特以施于貶例,遂失其旨耳。此大例,杜誤者數十條。

　　經:十有一月,壬戌,晉侯(晉惠公,名夷吾,晉文公重耳異母弟)**及秦伯**(秦穆公)**戰于韓**(韓原,晉地,在今山西省芮城縣),**獲晉侯**。
　　例得大夫曰"獲"。(宣公二年杜注云:"得大夫,生死皆曰'獲'。")**晉侯背施無親,愎諫違卜,故貶絶,下從衆臣之例**(從大夫例稱"獲")。
　　傳例,君曰"滅",大夫曰"獲",君臣之辭也。杜氏又云:"大夫生死,皆曰'獲'",則君生稱"獲",死稱"滅",正例也。以君稱"獲"爲從衆臣之辭例,然則生獲君當以何爲正稱?

　　經:十有六年,春,王正月,戊申,朔,隕石于宋五。

---

① "謂"字原脱,據《左傳》杜注補。

聞其隕,視之石,數之五,各隨其聞見先後①而記之。莊七年"星隕如雨",見星之隕而隊(同"墜")于四遠,若山若水,不見在地之驗(yàn,同"驗",不見隕於何處。下同),此則見在地之驗,而②不見始隕之星。

此隱括二傳文而説之。

經：是月(承上文"十六年,春,正月"),六鷁(yì,水鳥,能高飛)退飛(高飛遇風而退),過宋都。

是月,隕石之月。重言"是月",嫌同日。

此杜氏日月例。

經：三月,壬申,公子季友卒。

稱字者,貴之。公與小斂,故書日(壬申日)。

當云公子例。字(季)與名(友)并見者,賢之也。不小斂故不日,乃卿降禮之詞,不可推于他條。即以君禮于臣言之,不止一事,如言"與小斂",是不與大斂也。

經：冬,邢人、狄人伐衛。

狄稱"人"者,史異詞,傳無義例。

狄稱"人",善之。從中國則中國之,此中外大例也。即使史文異詞,亦當有意。若以史含糊書之,孔子亦囫圇仍之,則《春秋》誠可置高閣矣！杜不知進退、美惡之説,故趨此巧便耳。

經：宋人執滕子嬰齊(嬰齊,滕子名)。

---

① "先後"原脱,據《左傳》杜注補。
② "而"字原脱,據《左傳》杜注補。

稱"人"以執,宋以罪及民告。例在成十五年。(成公十五年傳:"凡君不道於其民,諸侯討而執之,則曰'某人執某侯'。不然,則否。")傳例不以名爲義,書名、不書名皆①從赴。

稱"人"爲伯討,不稱"人"非伯討,指齊、晉二國而言,以外不在此例。此非伯討。宋稱"人"者,宋與二伯異例,説以二伯例,非也。宋非二伯而執諸侯,其失易見,美惡不嫌同詞也。諸侯生稱名爲惡詞,傳有明文,以諸侯不以名不名爲例。杜之誤説,概歸從史,取巧便耳。

稱人、稱爵亦《春秋》之例,非據赴詞。《春秋》諸侯不生名,傳以衛侯燬(同"毀")名爲滅同姓罪之,何得云"從赴"?稱人、稱名皆從赴,是直無義例可言矣。

經:夏,六月,宋人、曹人、邾人盟于曹南("曹南",杜注以爲是曹國南部,廖平認爲是地名)。

曹雖與盟而猶不服,不肯致餼(不提供犒勞的食物),無地主之禮,故不以國地(以國爲地,即以國名爲地名。按此,若"國地",經文本當書"盟于曹")而曰"曹南",所以及秋而見圍(僖公十九年經:"秋,宋人圍曹。")。

"曹南",地名,非國也,如魯濟、邾瑕。以地地(以具體地方爲地名)爲地國(以國名爲地名),誤矣。全以實事説之,亦謬。

經:己酉,邾人執鄫子(鄫,國名,姒姓,在今山東省棗莊市東。鄫子,鄫國國君,子爵),用之(用作牲畜殺之以祭祀)。

稱"人"以執,宋以罪及民(有罪於人民)告(赴告)也。鄫雖失大國會盟之信(鄫子後會),然宋"用之"爲罰已虐,故直書"用之",言若用畜產(飼養的禽畜)也。不書"社(祭社)",

---

① "皆"字原脱,據《左傳》杜注補。

赴不及也。

　　二伯乃以稱"人"爲伯討,以邾人執鄫子,其失易見,故稱"人"以貶邾子也。若稱爵(稱"邾子"),嫌以尊臨之,非以罪及民告。不言"社",不可以訓不見之也。言"用"者,存其大而略其細,不没其實也,豈是從赴告之文?

經：**西宫**(魯宫名,魯有東宫、西宫、北宫)**災**。

西宫,公①別宫也。天火曰"災"。例在宣十六年。
(宣公十六年傳:"凡火,人火曰'火',天火曰'災'。")

　　釋"西宫"當引古説。内無火例,不當以外例言之,與"御廩災"(見桓公十四年經)同誤。

經：(楚成王)**執宋公**(宋襄公)**以伐宋**。

不言楚執宋公者,宋無德而争盟,爲諸侯所疾,故②總見衆國共執之文。

　　(不言楚執宋公)不使楚得執中國。不書"楚",所以存中國,豈反譏宋公?

經：**楚人使宜申**(楚大夫)**來獻捷**(宋捷,即執宋襄公)。

獻宋捷也。不言"宋"者,秋伐宋,冬獻捷,事不異年,從可知。不稱"楚子",使來不稱君命行禮。

　　不稱楚使,貶之也。以夷狄獻中國捷,故不目宋,爲中國諱也。戎捷衛寶,須得目之。楚稱"人",貶楚子也。既書"使",正以君命行禮,何反云不以君命耶?

---

① "公"字原脱,據《左傳》杜注補。
② "故"字原脱,據《左傳》杜注補。

經：秋,八月,丁未,及邾人戰于升陘(魯地,不詳當今何地)。

邾人縣(同"懸")公冑(甲冑)于魚門(邾國城門),故深恥之,不言"公",又不言"師敗績"。(經雖不言,由傳文可知。僖公二十二年傳:"八月,丁未,公及邾師戰於升陘,我師敗績。邾人獲公冑,縣諸魚門。")

內不言"戰",言"戰"則敗,故不可以"皆陳"(莊公十一年傳:"凡師,敵未陳曰'敗某師',皆陳曰'戰'。")説之。不言"公"、不言"師敗",爲內諱也。

經：冬,十有一月,己巳,朔,宋公及楚人戰于泓(水名,在今河南省柘城縣北),宋師敗績。

楚告命不以主帥、人數(軍隊人數多少),故略稱"人"。

尊宋抑楚,故略稱"人",此中外例也,非楚告以"人"也。杜以諸侯無稱"人"之例爲此一説,其誤者數十條。

經：秋,楚人伐陳。冬,十有一月,杞子(杞國國君,即杞成公)卒。

杞入春秋稱"侯",莊二十七年絀稱"伯",至此用夷禮貶稱"子"。

襄十六年傳"'會鄭伯',爲夷故也",下傳云"鄭伯傅王,用平禮也"(僖公二十八年傳)。用"夷禮"即用"平禮"之變文,"夷"謂平等,謂伯、子、男同等,非"夷狄"之"夷"也。

傳：十一月,杞成公卒。書曰"子"(經云"杞子卒")。杞,夷也。

成公始行夷禮以終其身,故于卒貶之(稱"子")。杞實稱"伯",仲尼以文貶稱"子",故傳言"書曰'子'"以明之。

他條皆以爲從史、從赴、無義例,此獨以爲仲尼貶之稱"子",何所見而云然？用夷禮別一義,此當與"鄭伯夷故也"（語出襄十六年傳"'會鄭伯',爲夷故也"）同一例。

傳：赴以名,則亦書之。

謂未同盟。

未同盟而書以名,則是與例相反。（僖公二十三年傳："凡諸侯同盟,死則赴以名,禮也。"此杜注言"未同盟",而經仍書名,故廖氏言此"與例相反"。）然則,名不必以同盟爲定。蓋上文所謂"凡諸侯同盟,死則赴以名,禮也"（見僖公二十三年傳）,謂禮制如此,史依此而書,乃史法也。此句及下文皆謂經例,謂經許以同盟,則仍史書之,不然則否。是史多有名,而經削之也。

傳①：不然則否。

謂同盟而不以名告。

"不然"者,謂經不以同盟待之。此無論史本有名亦削之不錄也。據禮,赴詞無名,臣子不能名君父。杜説誤解傳意,與禮相反,于經例亦進退失據。

傳②：辟不敏也。

"敏",猶審也。同盟,然後告名,赴者之禮也。承赴（赴告）,然後書策,史官之制也。内外之宜不同,故傳重詳其義。

"辟",法也,與"譏"、"貶"同意。"辟不敏",謂惡其不敏而黜罰之。此句指用夷禮爲説。杜説皆譏,駁詳《補証》。

---

① "傳"字原無,據文例補。
② "傳"字原無,據文例補。

傳：戊申，(重耳)使殺懷公(晉惠公卒，太子圉立，是爲懷公)于高梁(晉邑，在山西省臨汾市)。不書，亦不告也。

再發"不告"者，言外諸侯入及見殺，亦皆須告乃書于策。

傳于晉事，自隱、桓以來言之詳矣，經則至僖世乃見，此《春秋》遲見晉之大例。經書之則以爲"告"，不書則以爲"不告"，此經例以赴告爲筆削，非果晉不告魯也。經之書不書，原不以赴告爲例也。時魯與晉不通，故傳發此例。經不筆之，故經史相同。據經言，亦爲略之。凡與魯相通之國而不書者，則是經削，非史不書矣。

傳：管、蔡、郕、霍、魯、衛、毛、聃、郜、雍、曹、滕、畢、原、鄷(fēng)、郇(xún)，(以上十六國，皆文王子所封之諸侯國)文(文王)之昭(後代、後嗣)也。

十六國皆文王之①子也。

十六國兼畿内、畿外言之。周人世卿，天子畿内皆世(世襲，父死子繼)，如外諸侯。毛、原皆在畿内，杜以爲諸侯入爲卿士者，非。陳原仲(陳國大夫)以"原"爲氏，故爲方伯、監大夫，鄭原繁(鄭國大夫)當亦監大夫，與原仲同氏"原"。

傳②：凡、蔣、邢、茅、胙、祭，(以上六國，爲周公後代)周公之胤(後代、後嗣)也。

胤，嗣也。

杜以凡、祭爲諸侯入爲士者，非。

---

① "之"字衍，據《左傳》杜注當刪。
② "傳"字原無，據文例補。

傳：敢告叔父。

天子謂同姓諸侯曰"叔父"。

魯爲方伯，故稱"叔父"。《曲禮》九州之長，"同姓(同姓諸侯)天子謂之叔父，異姓(異姓諸侯)謂之叔舅"。據此足以定二伯、方伯之制。但云"諸侯"，便與二伯稱"伯父"者無分別。

經：宋蕩伯姬(魯女而嫁於宋大夫蕩氏者)**來逆婦。**

稱"婦"，姑存之辭①。婦人越竟(同"境")逆婦②，非禮，故書。

"姑在之詞"，譏娶母黨也。非母黨，則姑在與否略矣。

經：宋殺其大夫(無傳，不知所殺何人)。

其事則未聞③，于例爲大夫無罪，故不稱名。

此杜最謬之説。因其罪④而不書其名，何以獨在曹、宋三國？何以宋屢見不名？餘國皆書名，則全爲有罪矣。以名、不名定有罪、無罪，是稱人以殺、稱國以殺、言大夫、不言大夫，通不爲例矣。

大夫有罪、無罪以名、不名爲例，此爲宋國專例。宋大夫惟大夫例不名，而間有名者，所謂欲蓋彌彰，惡事，故以有名爲罪。至于二伯、方伯以下諸國，不在此例矣。

經：秋，楚人(即子玉，楚令尹，羋姓，名得臣，字子玉，鬥伯比之子，子文之弟)**圍陳，納頓子**(頓國之君，子爵。頓，國名，姬姓，即今河南省項城縣稍西之南頓故城)**于頓。**

---

① "姑存之辭"原作"姑在之詞"，據《左傳》杜注改。
② "逆婦"原作"迎婦"，據《左傳》杜注改。
③ "未聞"原作"不聞"，據《左傳》杜注改。
④ 據文義，"罪"似當做"無罪"，《廖平全集》亦云："似當作'因其無罪'。"

子玉稱"人",從告。頓子不言"歸",興師見納故。

子玉稱"人",貶之,以大夫例諸侯。納之曰"歸"(成公十八年傳:"凡去其國,國逆而立之曰'入',復其位曰'復歸',諸侯納之曰'歸'。")說諸侯,亦失其解。說詳《五十凡考》(廖平著)。

經：冬,十有二月,癸亥,公會衛子(衛文公)、莒慶(莒大夫),盟于洮(魯地,近莒)。

衛文公既葬,成公不稱爵者,述父之志,降名從未成君,故書①"子"以善之。莒慶不稱氏,未賜族。

未踰年君,公侯之國例得稱"子"。小國大夫例不氏,傳所謂賤而不書者也,奈何以"未賜族"說之?

傳：十二月,盟于洮,修衛文公之好,且及莒平也。

衛文公將平之,未及而卒,成公(衛成公)追成父志,降名以行事,故曰"修文公之好"。

郢書燕說(成語,比喻曲解原意,以訛傳訛),影響支離。

經：夏,齊人伐我北鄙(邊疆地區)。

齊孝公未入魯竟(同"境",下同),先使微者伐之。

貶之稱"人",不必以爲入竟、未入竟。兵事君專之,有命已得稱君,豈必待其親至?使如杜說,則目君以殺者皆君自操刃矣。不信進退例,以諸侯無稱"人"之說,其誤至此。

經：冬,楚人、陳侯、蔡侯、鄭伯、許男圍宋。

傳言楚子使子玉去宋,經書"人"者,恥不得志,以微

---

① "書"原誤作"稱",據《左傳》杜注改。

者告。(楚)猶序諸侯之上，楚主兵故。

《春秋》內中國外夷狄，傳文原有中外之分。杜氏力反舊說，凡尊中國貶夷狄諸文，皆以爲據赴，無義例。中外大例，幾無一語及之，非也。此稱"人"者，貶楚子也。貶得臣(子玉，楚令尹)，亦所以貶諸侯也。以諸侯從夷狄圍中國，故深惡之也。傳言"楚子"及諸侯"圍宋"，非主得臣也。

經：十有二月，甲戌，公會諸侯盟于宋。

諸侯伐宋，公與楚有好，而往會之，非後期。宋方見圍，無嫌于與盟，故直以宋地。

(廖説蓋缺)

傳：二十七年，春①，桓公(杞桓公)來朝，用夷禮，故曰"子"。

先代之後(杞爲夏之後)，而迫于東夷，風俗雜壞，言語衣服有時而夷，故杞子卒，傳言其夷也。(僖公二十三年經："冬，十有一月，杞子卒。"傳："書曰'子'，杞，夷也。")今稱"朝"者，始于朝禮，終而不全，異于介(東夷小國，或謂在今山東省膠州市)葛盧(介君名)，故惟貶其爵。

《曲禮》夷狄"雖大曰子"，(《禮記·曲禮下》："其在東夷、北狄、西戎、南蠻，雖大曰'子'。")故《春秋》有夷狄稱"子"之例。一說經言"伯"、言"子"本爲一等，以爲夷狄，不合經義。然則用夷禮與用平禮同，當讀同"'會鄭伯'，夷故也"(語出襄十六年傳)之"夷"，故用平等之禮，非"夷狄"之"夷"，方與經合。以"伯"爲爵，不知經例。經例"子"貴于"伯"，二傳所謂"字不如'子'"是也。

① "春"字原脫，據《左傳》傳文補。

傳：不廢喪紀，禮也。

弔贈之數不有廢。

齊、魯新有怨，齊不必來赴，魯亦不必往弔。會葬，經書之者爲筆（孔子筆削），特以明不可以小怨廢喪紀。小怨不廢喪紀爲合禮制，有仇，則廢之可也。

經：二十有八年，春，晉侯侵曹。晉侯伐衛。

再舉"晉侯"者，曹、衛兩來告。

但以"告"言，遂事亦當兩來告，不言"遂"而再目"晉侯"，《穀梁》說是也。（《穀梁傳》僖公二十八年："再稱'晉侯'，忌也。"）經不言"遂"，有別義，不可以赴告說之。

經：夏四月，己巳，晉侯、齊師、宋師、秦師及楚人戰于城濮（衛地，在今河南省范縣南）**，楚師敗績。**

宋公、齊國歸父（齊國大夫）、秦小子憖（yìn，秦穆公子）既次（駐扎）城濮，以師屬晉①，不與戰也。子玉及陳、蔡之師不書，楚人②恥敗，告文略也。

經言三國師，是與戰之文不審，何以必云"不與戰"？不書陳、蔡之師，常例也。《春秋》書楚師多有從國不言者，不忍以中國從夷狄故也。因傳言陳、蔡，可以定此例。此乃隱見中外大例，不關告文。

經：楚殺其大夫得臣（字子玉，名得臣，楚大夫）**。**

子玉違其君命以取敗，稱名（得臣）以殺，罪之。

以稱名爲罪，則齊、晉、陳、衛、蔡、鄭、莒、秦、楚無一可逃罪矣，惟宋、曹

---

① "晉"字原作"夷"，據《左傳》杜注改。
② "人"字原脱，據《左傳》杜注補。

二國乃有無罪大夫,此誤以宋專條推説餘國矣。

經:**公朝于王所**(天王所在之處)。

王在踐土(在今河南省原陽縣西南),非京師,故曰"王所"。

下即以河陽(在今河南省孟縣西)爲京師,不當以京師爲王城。此言不朝而召王耳。

經:**衛元咺**(xuān,衛大夫)**出奔晉**。

元咺,衛大夫,雖爲叔武(一名夷叔,衛成侯弟)訟訴,失君臣之節,故無賢文。奔例在宣十年。(宣公十年傳:"凡諸侯之大夫違,告於諸侯曰:'某氏之守臣某,失守宗廟,敢告。'")

杜所云"賢文",不知何所指,豈謂稱字耶?不知衛大夫無稱字例。

經:**公會晉侯、齊侯、宋公、蔡侯、鄭伯、陳子、莒子、邾子、秦人于溫**(周王畿内小國,在今河南省溫縣南)。

陳共公稱"子",先君未葬,例在九年。(僖公九年傳:"凡在喪,王曰'小童',公侯曰'子'。")宋襄公稱"子",自在本班;陳共公稱"子",降在鄭下;陳懷公稱"子",而在鄭上。傳無義例,蓋主會所次,非褒貶也。

陳、衛叙序無定,雖有喪,常在鄭上。陳共公一在鄭下,此乃叙序以年之例,即此便爲例。主會次序暗襲《公羊》"其序則主會者爲之"(語出《公羊傳》昭公十二年傳:"其序則齊桓、晉文,其會則主會者爲之也。")語,參舉以見其變,即此便爲義例,非必一定乃爲義例。

經:**壬申,公朝于王所**。

壬申,十月十日,有日而無月,史闕文。

不用二傳曰不繫月之說，以爲史闕，則經不足貴矣。不明古說，要能自立如但以闕文從史說之，則說如不說。

傳：鄭伯傅（相，輔佐）**王，用平禮也。**

傅，相也。以周平王享晉文侯仇之禮享晉侯。

"會鄭伯"，傳云"夷故也"。說者云："夷，平也。"此傳云"用平禮"，即杞子傳云"用夷禮"。"夷"，平也。稱爲"叔父"，猶以方伯之禮待之，襄（魯襄公）以後乃稱"伯父"，故曰"用平禮"，非周平王之禮。

傳：王命尹氏（周大夫）**及王子虎**（周太宰，一說王叔文公）、**內史**（官名）**叔興父**（周大夫）**策命**（以策書命之）**晉侯爲侯伯**（諸侯之長）。

以策書命晉侯爲伯也。《周禮》："九命作伯。"（語出《周禮·春官·大宗伯》）

"侯伯"，二伯也。二伯同姓當稱"伯父"，此稱"叔父"者，以晉初起，統外方伯用平禮，故始稱"叔父"（下傳云"王謂叔父"云云），自襄公以下乃稱"伯父"。

傳：甯武子（衛大夫）**爲輔**（輔衛成公），**鍼莊子**（衛大夫）**爲坐**（代衛成公，因臣無與君對質之理，故令人代替），**士榮**（衛大夫）**爲大士**（治獄之官，質正其事）。

大士，治獄官也。

大士若治獄官，不勝不當殺之。下云"及其獄官"，蓋傳云"爲"當謂見事，不追敘在位之官職。

傳：且明德也。

隱其召君之闕，欲以明晉之功德。河陽之狩，趙盾（晉大夫）之弑，泄冶（陳大夫）之罪，皆違凡變例，以起大義危疑之理，故特稱仲尼以明之。

孔子筆削，全經皆然，非獨此三條乃當説以改作。杜僅據此三條爲言者，欲以見凡不言者多爲史文也。

經：二十有九年，春，介（東夷小國）葛盧（介君名）來。

不稱"朝"，不見公（未朝見魯僖公），且不能行朝禮（介乃東夷小國，言語不通，禮俗不同，不能以周禮朝見僖公）。雖不見公，國賓禮之，故書。

史例有衛侯來會葬不見公，故不書之傳，乃經例不書大國來，其云"不見公"不書，是傳不以空言説經之事託之于"不見公"耳，無不見公則不書之説。如此條即云"不見公"，而經書之，知經自有筆削，不據史文也。如以賓禮之，衛侯遠來，豈有不賓禮之者乎？《春秋》筆削，自與史法不同。

經：秋，衛殺其大夫元咺及公子瑕（宋文公之子，即位後稱宋共公）。

咺見殺稱名者，訟君求直，又先歸立公子瑕，非國人所與，罪之也。瑕立經年，未會諸侯，故不稱君。

咺之有罪、無罪，不從稱名見之。瑕不稱君，無意爲君也，故以咺及之。殺大夫稱名爲罪，諸侯立未會諸侯不稱君，皆杜最不通之説。

經：晉人、秦人圍鄭。

各使微者圍鄭，故稱"人"。

傳明言晉侯、秦伯（傳云"晉侯、秦伯圍鄭"），鄭燭之武亦説"秦伯"，此爲貶之則稱"人"。乃以圍鄭爲"使微者"，不用貶例，故其誤至此。

傳：東門襄仲(名遂,字襄仲,魯莊公之子,故稱公子遂;又因家住曲阜東門而立東門氏,故又稱東門襄仲)將聘於周,遂初聘於晉。

公既命襄仲聘周,未行,故曰"將";又命自周聘晉,故曰"遂"。自入春秋,魯始聘晉,故曰"初"。

此不惟聘晉之始,亦如京師之始。襄仲本聘晉,如晉,道由京師,故以京師首之。傳不敢先君而後臣,故爲此説,而言外見實如晉,而文託重于周也。杜説殊不得微意。

經：三十一年,春,取濟(濟水)西田。

晉分曹田以賜魯,故不繫曹。

本爲魯田,昔爲曹,今得侵地,故不繫曹。曹取魯田,"公追戎于濟西"(見莊公十八年經)是也。

不用師徒,故①曰"取"。

克國不用師徒,乃不言"滅",入而曰"取"。取邑,則無論用師、不用師皆言"取",全經大例,衆所共知。杜云"不用師徒,故曰'取'",誤以國例説邑矣。當云："晉分于我,故不用師徒而取之。凡邑,不用師徒曰'取'。""邑"當爲"國"字之誤。杜據誤字爲説,故諸條皆誤。説詳《五十凡考》。

經：秋,衛人及狄盟。

不地者(不言會盟之地),就狄廬帳(用帷帳圍成的屋舍,狄人所居帳篷)盟。

不地者,盟于狄地,不當以廬帳言之。

經：夏,四月,辛巳,晉人及姜戎(姜姓之戎,居晉南)敗秦師于殽(殽山,在今河南省洛寧縣西北,時爲晉之要塞)。

---

① "故"字原脱,據《左傳》杜注補。

晉侯諱背喪用兵,故通以賤者(稱"晉人")告。姜戎,姜姓之戎,居晉南鄙,戎子駒支之先也。晉人角之,諸戎掎之,不同陳(同"陣",下同),故言"及"。

《春秋》貶之耳,非以微告也。言"及姜戎",戎,微也,豈以"不同陳"故言"及"?以大及小爲常例(晉大戎小,故云"晉人及姜戎"),不必言其陳、不陳,又何論其同、不同。

經:晉人敗狄于箕(一説在今山西省太谷縣,一説在蒲縣)。

郤缺(晉大夫)**稱"人"者,未爲卿。**

不用敗例,故爲此説,不知此三世例。晉文初亡,政在諸侯,大夫帥師不目,自陽處父以後乃目之,自不關爲不爲卿。

傳:葬僖公,緩(按傳例,諸侯五月而葬。僖公實以三十三年十一月薨,文公元年四月葬,并閏月,歷凡七月,故云"緩")。

今在此,簡編倒錯。

此劉氏引傳解經時失檢者。此爲傳文大例,如此者數十百條。

文公篇第六

經:元年,春,王正月,公即位。

先君未葬而公即位,不可曠年無君。

踰年得即位,不以葬爲斷,未殯則不得即位。凡在殯後,皆得即位。(《禮記・王制》:"天子七日而殯,七月而葬。諸侯五日而殯,五月而葬。"按廖氏之義,諸侯五日殯訖,即可即位。)

經:天王(周襄王)**使叔服**(周内史)**來會葬**(會葬僖公)。

叔，氏。服，字。

"叔"爲伯、仲("伯、仲、叔、季"之排行)，"服"乃實字。

經：天王使毛伯來錫(同"賜")**公命。**（文公初立，故天子使毛伯來賜命文公爲魯國新君。）

毛，國。伯，爵，諸侯爲王士者。

毛，畿內世卿，非外諸侯。誤讀傳文，以爲外諸侯如鄭、虢之比。

經：晉侯伐衛。

晉襄公先告諸侯而伐衛，雖大夫親伐而稱晉侯，從告辭也。

二伯事皆以君爲主，宣(魯宣公)、成(魯成公)以後，大夫乃專征伐，此非從告辭。

經：衛人伐晉。

衛孔達(衛大夫)爲政不共盟主，興兵鄰國，受討喪邑，故貶稱"人"。

貶，稱"人"是也。他條不言褒貶，以爲從赴告者，非。

經：秋，公孫敖(魯大夫，慶父之子)**會晉侯于戚**(衛邑，在今河南省濮陽縣北)。

禮，卿不會公侯，而《春秋》魯大夫皆不貶者，體例已舉，故據用魯史成文而已。內稱"公"，卒稱"薨"，皆用魯史。

此內外例，本傳無文，用二傳相補。

經：冬，十月，丁未，楚世子商臣（楚穆王）弒其君頵（jūn，即楚成王熊頵）。

商臣，穆王也。弒君例在宣四年。（宣公四年傳："凡弒君，稱君，君無道也；稱臣，臣之罪也。"）

以子弒父尤爲大變，不得以稱名罪之爲説。

經：二年，春，王二月，甲子，晉侯及秦師戰于彭衙（秦邑，在今陝西省白水縣東北），秦師敗績。

孟明（秦國大將）名氏不見，非命卿也。

大夫帥師，非中國大夫不見于經。孟明，卿也，以秦國例不書之。

經：三月，乙巳，（魯文公）及晉處父（晉卿）盟。

處父爲晉正卿，不能匡君以禮，而親與公盟，故貶其族（不稱氏）。族去則非卿，故以微人常稱爲耦，以直厭不直。

晉（晉文公）爲二伯，比公，其臣尊同天子之卿，比魯君爵秩相等。公如晉，言朝晉，（晉處父）以與公盟，正得其當，何以責處父非禮？此《春秋》內外例，內尊其君，于相嫌之地別異之，故去處父氏，以申公之尊。此經意如此，不可以直、不直言之。

經：公子遂（東門遂，或稱東門襄仲，莊公子）如齊納幣（或稱納徵。文公初立，將娶于齊，故公子遂適齊爲文公行納徵禮）。

傳曰"禮也"。僖公喪終此年十一月，則納幣在十二月也。士昏禮六（納采、問名、納吉、納徵、請期、親迎），其一納采，納徵始有玄纁、束帛，諸侯則謂之納幣，其禮與士禮不同，蓋公爲太子時已行昏禮。

傳譏服(服喪期間)中生子,則喪中不得議昏。傳言"禮"者,專謂娶元妃爲禮,爲全經禮制發傳,不專爲本事。杜以《公羊》"譏喪娶"(《公羊傳》經:"公子遂如齊納幣。"傳:"納幣不書,此何以書?譏。何譏爾?譏喪娶也。娶在三年之外,則何譏乎喪娶?三年之内不圖昏。"),謂議昏在早,不用其説,故以爲"太子時已行昏禮",不知其説仍與傳即位禮不合,仍當以"譏喪娶"説補足之。

傳:秋,八月,丁卯,大事于太廟,躋僖公(祭祀時將僖公次序躋升于閔公前),**逆祀**(不依次序祭祀)**也。**

　　僖公①是閔兄,不得爲父子,嘗爲臣位,應在下,令②居閔上,故曰"逆祀"。

　　　爲人後者爲之子,臣、子一也。"不得爲父子",何于傳以祖禰父子言之?

傳:凡君即位,好舅甥,脩昏姻,娶元妃,以奉粢盛(祭祀時所用黍稷等,此指祭祀),**孝也。**

　　謂諒闇(喪期)既終,嘉好之事通于外内,外内之禮始備。此除凶之即位也。于是遣卿申好舅甥之國,脩禮以昏姻也。元妃,嫡夫人。奉粢盛,共(同"供",供奉)祭祀。

　　　三年喪畢乃行吉禮。祭(祭祀),經猶譏,何況昏娶?此傳言即位、娶元妃之禮,以爲太子妃,不升爲夫人之禮。

經:夏,五月,王子虎(周太宰,一説王叔文公)**卒。**

　　不書爵者,天王赴也。翟泉之盟(見僖公二十九年),雖③

---

① "公"字衍,據《左傳》杜注當刪。
② "令"原誤作"今",據《左傳》杜注改。
③ "雖"字原脱,據《左傳》杜注補。

輒假王命,周王因以同盟之例爲赴。(僖公二十九年經:"夏六月,會王人、晉人、宋人、齊人、陳人、蔡人、秦人盟於翟泉。")

"王子"猶內之稱"公子",親之,不舉爵號,卒應名。"王子"即如爵,書"王子"以明尊卑;又以起"王子猛卒"(見昭公二十二年),爲奪其尊之辭,不得爲同盟乃"卒"(書"卒")。

經:秦人伐晉。

晉人恥不出,以微者告。

秦用師,例稱"人"。

經:雨螽(zhōng,蝗蟲。雨螽,蝗蟲似雨墜落)**于宋。**

自上而隋(同"墮",垂落)**,有似于雨。宋人以其死爲得天佑**①**,喜而來告,故書。**

此爲記異,非因宋告乃書。宋人亦不以此爲喜也。

傳:夏,四月,乙亥,王叔文公(王子虎)**卒,來赴,弔如同盟**(王子虎爲周卿士,此以同盟諸侯禮吊之)**,禮也。**

王子虎與僖公同盟于翟泉,文公是同盟之子,故赴以名。傳因王子虎異于諸侯,王叔又未與文公盟,故于此顯示體例也。經書五月(經云:"夏,五月,王子虎卒。"),又不書日,從赴也②。

言"如同盟",則不必實同盟。傳之言同盟,不以見經爲據,杜以爲因父及子,非也。傳有日,經無者,略之。

---

① "佑"原誤作"祐",據《左傳》杜注改。
② "也"原誤作"告",據《左傳》杜注改。

經：冬,十有一月,壬寅,夫人風氏(僖公母成風)薨。

僖公母,風姓也。赴同(赴告於同盟之國),祔姑,故稱"夫人"。

已立爲夫人,故稱"夫人",不謂偶行其禮乃稱(稱夫人)。果爲夫人,亦不因不行其禮不稱"夫人"。杜誤解傳文。

傳：公(秦穆公)曰:"**同盟滅**(同盟指江國,上經云"秋,楚人滅江"是也),**雖不能救,敢不矜**(哀憐、哀悼)**乎？吾自懼也。**"

秦、江(國名,嬴姓,在今河南省息縣西南)同盟,不告,故不書。

傳之言"同盟",不以見經爲據,同盟者甚多,不皆書也。以爲不告不書,非是。

經：王(周襄王)**使召伯來會葬。**

召伯,天子卿也。召,采地。伯,爵也。來不及葬(會葬僖公母風氏),不譏者,不失五月之內。

稱"伯",字也。稱字,天子大夫,非卿。葬時來會于葬地,故先書"葬"(即經云"三月,辛亥,葬我小君成風"),後書"會葬"。

經：**晉殺其大夫陽處父**(晉大夫)。

處父侵官(超越許可權而侵犯其他官員的職權),宜爲國討,故不言賈季(即狐射姑,晉大夫,狐偃之子,食邑于賈,字季,故又稱賈季)殺。

二傳之説爲是,杜説殺大夫例最謬。

經：**閏月,不告月**(即告朔,每月以朔日告神,用特羊祭,然後聽朝,然後祭于諸廟,謂朝廟),**猶朝于廟**。

　　諸侯每月必告朔、聽政,因朝宗廟。文公以閏非常月,故闕不告朔。

　　如泥君舉必書之例,則此一事全經當書二千餘次,豈復成爲經?君舉乃書,則不舉不書,此乃書不舉。

傳：閏月不告朔,非禮也。

　　經稱"告月",傳稱"告朔",明告月必以朔。

　　以非正月,故言"月"不言"朔"。當用《穀梁》説。(《穀梁傳》文公六年:"閏月不告月,猶朝於廟。不告月者何也?不告朔也。不告朔則何爲不言朔也?閏月者,附月之餘日也,積分而成於月者也。天子不以告朔,而喪事不數也。猶之爲言,可以已也。")告朔必以朔,不待言。

經：七年,春,公伐邾。三月,甲戌,取須句(xū qù,亦作"須朐"。古國名,風姓,僖公之母成風即須句國之女)。

　　須句,魯之封内屬國也。僖公反(同"返")其君之後,邾復滅之。書"取",易也。例在襄十三年。(襄公十三年傳:"凡書'取',言易也。")

　　言"伐"而後言"取",則非易也。

經：宋人殺其大夫。

　　宋人攻昭公,并殺二大夫(公孫故、公孫鄭),故以非罪書。

　　不名(不稱名),本與曹大夫不名相起,以見非大夫,此爲正説。據傳以爲衆辭,故不名;且言非其罪,是論其事之得失,何嘗以不名爲非罪?更無以此爲通例徧説全經。凡殺大夫名者,皆爲有罪耶?

經：戊子,晉人及秦人戰于令狐(晉地,在今山西省臨猗

縣)。

趙盾(晉執政大臣,趙衰之子,嬴姓,趙氏,名盾,諡號宣,或稱趙孟、趙宣子)廢嫡而外求君,故貶稱"人"。晉諱背先蔑(晉大夫,祁姓,先氏,名蔑,又稱先蔑),而夜薄(迫近)秦師,以"戰"告。

言"戰"不言勝敗,略之也。此夜薄秦而以"戰"爲言,足見"皆陳曰'戰',未陳曰'敗'"(此例見莊公十一年傳)之非通例。如通例,則當云"晉人敗秦人于令狐"矣。

經:冬,徐(國名,嬴姓,在今安徽省泗縣西北)伐莒(國名,已姓,舊都介根,在今山東省膠州市西南,後遷莒,在今山東省莒縣)。

不書將帥,徐夷告辭略。

《春秋》之死,不必言告辭。

傳:書曰:"宋人殺其大夫。"不稱名,衆也,且言非其罪也。

不稱殺者及死者名①,殺者衆,故名不可知,死者無罪,則例不稱名。

傳明文云"不稱名,衆也",以衆爲不名之正解;"且言非其罪",是言其事之得失不于不稱名言之。杜乃以不名爲無罪之通例,不惟說本條,推之不名之曹大夫,并推之有名大夫,枝葉雖繁,本根初不平實,此杜之巨謬也。

經:乙酉,公子遂會雒戎(居於洛水一帶的戎),盟于暴(暴隧,在今河南省原陽縣西)。

公子遂不受命而盟,宜去族,善其解國患,故稱"公

---

① "不稱殺者及死者名"原誤作"不稱略殺者者名",據《左傳》杜注改。

子"以貴之。

暗襲二傳公子結之說以說暴盟，望文生訓，非也。

經：宋人殺其大夫司馬(官職名，此指宋司馬公子卬)**，宋司城**(官職名，此指宋司城蕩意諸，公子蕩之孫)**來奔**。

司馬死不舍節，司城奉身而退，故皆書官而不名，貴之。

經書"司馬"、"司城"與書"宰"，以備三公之制。《春秋》惟見三官名，意本在此，而傳以"不舍節"、公以司城逆意諸爲說者，事實也。孔子曰："其事則齊桓、晉文，其義則某竊取。"(《孟子·離婁下》："其事則齊桓、晉文，其文則史。孔子曰：'其義則丘竊取之矣。'")因有其事，書官以別取義，經意與事實不相背也。

傳：冬，襄仲(公子遂)**會晉趙孟**(趙盾)**，盟于衡雍**(在今河南原陽縣西)**，報扈之盟**(文公七年經："秋八月，公會諸侯、晉大夫盟于扈。")**也，遂會伊**(伊水)**、雒**(雒水)**之戎。**

伊、雒之戎將伐魯，公子遂不及復君，故專命與之盟。

戎將伐魯，臆造事實，又自生善惡。

傳：書曰："公子遂"，珍之也。

珍，貴也。大夫出竟(同"境")，有可以安社稷利國家者，專之可也①。

不言"公子"，則當言"遂會伊、雒之戎，盟于暴"。遂嫌爲名，又嫌爲遂事，辭窮，故稱"公子"。"珍之"者，以遂盟戎，舉"公子"，見其尊貴。二事皆君命，不可以《公羊》"公子結要盟"之說說之。

————————

① "也"字原脫，據《左傳》杜注補。

傳：公以其(司城蕩意諸)**官逆之**(按其官品等級迎接)**，皆復之**(請宋復其官位)**，亦書以官，皆貴之也。**

卿違從大夫，公賢其效節，故以本官逆之，請宋而復之。司城官屬悉來奔，故言"皆復"。

"皆復"之"皆"字，因下"皆"字誤衍，傳無"官屬悉來"之文，不可以別傳之說牽混言之。

經：九年，春，毛伯來求金(即求賵。時天子未葬，廖氏以爲未除服，故來求取助喪之車馬布帛等)**。**

求金以共葬事，雖踰年而未葬，故不稱"王使"。

于葬變除，此杜氏短喪之説。經意不以葬爲斷，所謂"三年不稱王"(《公羊》之説，見文公九年)也。

經：晉人殺其大夫先都。

以作亂討(先都與箕鄭父、士穀、梁益耳、蒯得賊殺先克，事發，五人皆被殺)**，故書名。**

書名，正也。以此(書名、不書名)爲罪，冤獄多矣。

經：冬，楚子(楚穆王)**使椒**(楚大夫，鬥椒，字子越)**來聘。**

稱君以使大夫，其禮辭與中國同。椒不書氏，史略文。

初稱"人"聘，進稱君使不氏大夫(大夫不稱氏)聘，終稱名氏大夫(大夫稱氏)聘，以次而如①，《春秋》之序也，豈史文之略也？

---

① 《廖平全集》："'以次而如'：據文意，似應作'以次而加'，因形近致誤也。"

經：十年,春,王三月,辛卯,臧孫辰(魯孝公之後,僖伯曾孫。僖伯字子臧,其後因以爲氏)卒。

公與小斂,故書日。

傳有不推于他條之説,此類是也。

傳：襄仲聘于宋,且言司城蕩意諸而復之。

八月意諸來奔,歸(歸宋)不書,史失之。

凡大夫來奔者,歸例不書,豈可以爲史失之?據此足見杜于經例多不通。

傳：冬,十月,甲午,敗狄于鹹(同"咸",魯地,在今山東省巨野縣南,或云在山東省曹縣),獲長狄(狄之一種)僑①如(長狄名)。

不書(不書於經),賤夷狄也。

不以爲告略,歸于孔子者,爲爲内事也。惜不以此推于他條。

經：杞伯來朝。

復稱"伯",舍夷禮。

伯、子、男一也,非"舍夷禮"。

經：冬,十有二月,戊午,晉人、秦人戰于河曲(晉地,在今山西省永濟縣南)。

稱"人",秦、晉無功,以微者告也。"皆陳曰'戰'",例在莊十一年。

稱"人",略之,非以微者告。言"戰"不言"敗",亦略之。據傳文,非"皆

---

① "僑"原誤作"矯",據《左傳》傳文改。

陳"。

傳：故書曰："郕(chéng，國名，在今山東省寧陽縣北)**伯來奔。"不書地，尊諸侯也。**

既尊以爲諸侯，故不復見其竊邑之罪。

杜于經下云"稱爵，見公以諸侯禮迎之"（文公十二年經"十有二年，春，王正月，郕伯來奔"下注文）。以禮節變名稱，此杜氏之巨謬。據傳而論，郕伯以去年卒，太子當立，而自安于夫鍾，故今書"郕人"乃別立君，而世子以地來奔。郕爲小國，稱"伯"，公因其以地來，尊崇，逆以諸侯大國之禮，故曰"非禮"。書曰"郕伯"，見其非諸侯大國之君。謂之"郕伯"，原其已踰年，得稱君，非經以逆禮而書人之子以其父之爵也。可稱"郕伯"，經乃書之。因書"伯"，可見以侯禮逆之爲失禮。大夫以地則當言以地，今不言者，尊君也。君得專地，大夫不得專地，故君不言以地，而三叛則言地也。

經：夏，五月，乙亥，齊侯潘(齊昭公名)**卒。**

乙亥，四月二十九日。書"五月"，從赴。

明係《長曆》推算之誤。以爲"從赴"，然則五月無乙亥，赴何以遲二日，遂以本月所無之日赴耶？

經：秋，七月，有星孛(bèi，彗星)**入**[①]**于北斗。**

既見而移[②]入北斗。

斗有杓（同"勺"），故言"入"。與他孛同，非有見而後入之異。

經：晉人納捷菑(邾公子)**于邾，弗克**(成)**納。**

邾有成君，晉趙盾不度于義，而大興諸侯之師，涉邾

---

① "入"字原脱，據《左傳》經文補。
② "移"原誤作"後"，據《左傳》杜注改。

之竟(同"境"),見辭而退。雖有服義之善,所興者廣,所害者衆,故貶稱"人(晉人)"。

本傳無文,本二傳説。

經：九月,甲申,公孫敖(魯大夫,慶父之子)**卒于齊。**

既許復之,故從大夫例書"卒"。

此亦書日,何以不云"公與小斂"耶？知書日不以小斂爲據。(書日例)專説益師(魯孝公之子,字衆父,卒於隱公元年,經云"公子益師卒"),不可推于他條。

經：公子商人(齊桓公之子,即位稱齊懿公)**弑其君舍**(齊昭公之子,時已即位爲君)。

舍未踰年而稱"君"者,先君既葬,舍已即位,例在宣四年。

成舍爲君,所以重商人之弑。以葬爲書君,經無此例,傳無明説;且昭公葬不書,五月卒,七月弑,相去二月,不必在葬後。

經：冬,單伯如齊。

單伯,周卿士,爲魯如齊,故書。

書"如齊",是内臣之例。若外大夫爲魯事往者多矣,不書"如",一定之例也。

經：齊人執單伯。

諸侯無執王使之義,故不依行人例。

單伯,監大夫也,與内臣執同例。

傳：十四年，春，頃王(周傾王)崩。周公閱與王孫蘇爭政，故不赴。凡崩、薨，不赴則不書；禍、福不告，亦不書。懲不敬也。

欲使怠慢者自①戒。

爭政不赴，説見《史記》。此皆爲削例，所以懲創其事，故不書。

傳：書曰："宋子哀(高哀，宋大夫)來奔"，貴之也。

貴其不食汙君之禄(子哀以爲宋君不義)，辟禍速也。

"子哀來奔"，二傳無説。傳以爲高哀，則高氏哀名。稱曰"子哀"，如王人"子突"以"子"配名，如子般、子野之比。美其事，故襃之稱"子"；亦以宋爲大國，可以稱"子"。如齊大國稱"高子"，宋孔父稱字。子哀稱"子"，皆實可稱字、稱"子"，乃稱之。

傳：冬，單伯如齊，請(請歸)子叔姬(昭姬，魯女嫁於齊昭公者)，齊人執之。

恨魯恃王勢以求女故。

單伯，爲魯監。襄仲告王，請以王寵求昭姬，王不特遣使，以單伯王臣在魯，即命單伯以王命往，故經書"如"、"執"(文公十四年經："冬，單伯如齊"，"齊人執單伯")，皆從内臣之例。杜不得此例，遂以單伯爲王臣，全與經例相反矣。

經②：單伯至自齊。

此内臣執而致之(致廟，告廟)之例。若王臣，例不言"至"。單伯王臣，而爲監于魯，故經書同内臣。杜不知此義。

---

① "自"原誤作"日"，據《左傳》杜注改。
② "經"原誤作"傳"，據文例改。

傳：齊人許單伯請（請歸子叔姬）而赦之，使來致命。

以單伯執節不移，且畏晉，故許之。

并致（致命），將歸子叔姬。

傳：書曰"單伯至自齊"，貴之也。

單伯爲魯拘執，既免而不廢禮，終來致命，故貴而告廟。

大夫執者則致（致命），是經常例，不必言告廟。

傳：凡勝國，曰"滅之"；獲大城焉①，曰"入之"。

得大都而不有。

大城當指國言，非以外之大都。

傳：凡諸侯會，公不與（與會），不書，諱君惡也。

謂國無難，不會義事，故爲惡。不書，謂②不國別序諸侯。

"不與"，謂公至會爲諸侯所外，恥辱深，故不書，爲諱惡。若外會，公不與而書者多矣，不以諱，惟爲諸侯所外乃諱之。照經本改。

經：夏，五月，公四不視朔。

《春秋》十二公，以疾不視朔非一也，義無所取，故特舉此以表行事。

此于筆削隱見之例略有所窺，惜不能推盡其餘。

---

① "焉"字原脱，據《左傳》傳文補。
② "謂"字原脱，據《左傳》杜注改。

經：冬，十有一月，宋人弑其君杵臼(宋昭公名)。

稱"君"，君無道也。例在宣四年。(宣公四年傳："凡弑君，稱君，君無道也；稱臣，臣之罪也。")

二傳稱"人"以弑，衆失君之辭，以衆弑則君無道可知；書臣以弑，是以一人弑君，故以爲臣之罪。本傳"稱君，君無道"，"君"當爲"人"之誤字。本經書"人"以弑，傳云"書曰'宋人弑其君杵臼'，君無道也"，可知"君"爲"人"字之誤。經有書"人"、稱臣二者之異，然莫不稱"君"。據宣四年書"鄭公子歸生弑其君"，此稱臣也，與本經惟一稱"人"、一稱名爲異，其稱"君"皆同，不能謂稱"君"爲"君無道"。杜據誤字爲說，故不得稱"君"之實。

傳：書曰："宋人弑其君杵臼"，君無道也。

始例發于臣之罪，今稱國人(即"宋人")，故重明君罪。

杜據誤本"稱君，君無道"爲說，故語欠明晰，當云"稱'人'以弑，衆弑君之辭，故曰'君無道'"。傳例曰："稱'人'，君無道也。"

經：十有七年①，春，晉人、衛人、陳人、鄭人伐宋。

自閔、僖以下，終于《春秋》，陳侯常在衛侯上，今大夫會，(陳)在衛下，傳不言陳②公孫寧(陳大夫)後至，則寧位非上卿故也。

(廖說蓋缺)

經：齊侯(齊懿公)伐我西鄙。

"西"當爲"北"，蓋經誤。

四鄙之例，莒在東，邾在南，齊在西北。齊人"伐我西鄙"，五見于經，此

---

① 原作"十有一年"誤，據《左傳》經文改。
② "陳"原誤作"衛"，據《左傳》杜注改。

常例也。此"西"字二傳所同,傳并無明説,今據傳改經,可謂荒唐。

經：夏,五月,戊戌,齊人弑其君商人(齊懿公名)。

不稱盜,罪商人。

傳例："凡弑君,稱'人',君無道。"

經：冬,十月,子(文公太子惡,稱"子"者,僖公九年傳云:"凡在喪,公侯稱'子'。")**卒**。

先君既葬,不稱君者,魯人諱弑,以未成君書之。"子",在喪之稱。

自生例而自解之,皆無稽之談。

經：莒弑其君庶其(莒紀公名)。

稱君(君名),君無道也。

此小國例稱國弑,如大國稱"人"。稱"人"弑,如大國稱臣。杜説甚誤。

傳：公冉務人(叔仲家宰)曰:"若君命可死,非君命何聽?"(叔仲)**弗聽,乃入,**(襄仲)**殺而埋之馬矢**(或曰"馬糞")**之中**。

惠伯(即叔仲)死不書者,史畏襄仲,不敢書殺惠伯。

以此責太史,恐未平允。

傳："夫人姜氏(出姜,太子惡及視之母,其子被殺,故不得不大歸)**歸于齊",大歸**(言"大歸",不反之辭)**也**。

惡、視之母,出姜也。嫌與有罪出者異,故復發傳。

有罪皆言"孫",不相嫌,嫌則當云"嫌與有罪出者同",不當云"異",恐係字誤。

《春秋左傳杜氏集解辨正》下卷

宣公篇第七

經：三月,遂(公子遂)以(與)夫人婦姜(宣公夫人。宣公娶於齊,公子遂爲之逆)至自齊。

稱"婦",有姑之辭。不書氏,史闕文。

不言氏(姜氏),譏娶母黨與喪娶(喪期中娶親)。

經：公子遂(東門遂,或稱東門襄仲,莊公子)如齊。六月,齊人取濟西田。

魯以賂齊,齊人不用師徒,故曰"取"。

凡取邑,用師徒、不用師徒皆曰"取"。

經：楚子、鄭人侵陳,遂侵宋。晉趙盾(晉執政卿)帥師救陳。

傳言救陳、宋,(傳云:"晉趙盾帥師救陳、宋。")經無"宋"字,蓋闕。

救陳從重言之,非經闕。

經：宋公、陳侯、衛侯、曹伯會晉師于棐林(棐,fěi,或作"斐"。棐林,在今河南省新鄭市北),伐鄭。

晉師救陳、宋,四國君往會之,共伐鄭也。不言會趙盾,取于兵會,非好會也。

不言會趙盾,不以大夫主諸侯也。

傳:元年,春,王正月,公子遂如齊逆女,尊君命也。

諸侯之出入稱名氏,所以尊君命也。傳于此發者,與還文不同(公子遂自齊返,經云:"三月,遂以夫人婦姜至自齊。"去時言"公子遂",還時言"遂",二者不同),故釋之。

內大夫出稱名氏,入皆名而不氏。凡氏皆爲尊君命,此常例,非爲此條專説。

傳:三月,遂(公子遂)**以夫人婦姜**(宣公夫人)**至自齊,**(經稱"遂",不氏)**尊夫人也。**

遂不言"公子",替(代也,去也)其尊稱,所以成小君之尊也。"公子",當時之寵號,非族也,故傳不言舍族,《釋例》論之詳矣。

自卑,所以尊夫人。"公子"親之,以爲氏,不必言族,亦非"寵號"。

經:秋,九月,乙丑,晉趙盾弑其君[①]**夷皋**(晉靈公)**。**

靈公不君,而稱臣以弑者,以示良史之法,深責執政之臣。例在四年。(宣公四年傳:"凡弑君,稱君,君無道也;稱臣,臣之罪也。")

至趙盾,所以明不討賊之義。

傳:趙宣子(趙盾)**,古之良大夫也,爲法受惡,惜也,**

---

① "君"字原脱,據《左傳》經文補。

越竟(同"境",下同)乃免。

越竟,則君臣之義絕,可以不討賊。

亡不越竟,史責其近于知情,反不討賊,乃其實罪。言其"越竟乃免"者,謂雖越竟猶不得免也,豈真謂越竟可免耶？越竟則可不討賊,尤與經意相反。傳本微辭,自杜説之,遂成大謬。

傳：宣子(趙盾)使趙穿(趙盾從父兄弟)逆公子黑臀(晉文公子,晉襄公弟,後即位爲成公)于周而立之。

黑臀,晉文公子。

不討之而反使逆新君,此微言也,著其不討之實,此豈越竟遂免？

經：秋,公①如齊。公至自齊。

告于廟。例在桓二年。(桓公二年傳："凡公行,告於宗廟；反行,飲至、舍爵、策勳焉,禮也。")

何常有此説,杜自立例耳。

傳：凡弑君,稱君,君無道也；稱臣,臣之罪也。

稱君,謂惟書君名,而稱國以弑,言眾所共絕也。

"稱君","君"字當爲"人",謂稱人以弑,爲君無道,不可以"稱國"爲"稱君"也。杜據誤本,不能正誤,而以"稱君"與"稱臣"對言,非也。

經：叔孫得臣(即庄叔,桓公之孫。桓公生僖叔牙,牙生戴伯玆,玆生莊叔得臣)卒。

不書日,公不與小斂。

推益師(公子益師)傳爲説(見隱公元年經、傳),非是。

① "公"字原脱,據《左傳》經文補。

傳：秋，九月，齊高固(或稱高宣子，齊大夫)來逆女，自爲也。故書曰："逆叔姬"，卿自逆也。

適(嫁，下同)諸侯稱"女"，適大夫稱字，所以別尊卑也。此《春秋》新例(按杜注，新例爲孔子所發，常言"書曰"、"不書"、"故書"等；凡例是舊例，爲周公所發，常言"凡")，故稱"書曰"，而不言"凡"也。

言"凡"、不言"凡"，無新舊之分。

傳：冬，召桓公逆王后于齊。

召桓公，王卿士。事不關魯，故不書。

已見不再見，非以不關魯而不書。

經：七年，春，衛侯使孫良夫(衛大夫)來盟。夏，公會齊侯伐萊(國名，在今山東省昌邑縣東南)。

傳例曰："不與謀也。"(宣公七年傳："凡師出，與謀曰'及'，不與某曰'會'。"經文言"會"不言"及"，故杜注曰"不與謀也"。)

"不與謀"，謂不主兵謀也。二伯主兵，諸侯以師從，通言"會"，不言"及"。傳于此言之者，以萊近齊。因其易知，一言以示例。

傳：夏，公會齊侯伐萊，不與謀也。凡師出，與謀曰"及"，不與謀曰"會"。

"與謀"者，謂同志之國，相與講議利害，計成而行之，故以相連及①爲文；若不獲已，應命而出，則以外合爲文，皆據魯而言。"師"者，國之大事，存亡之所由，故詳其舉

---

① "及"字原脱，據《左傳》杜注補。

動,以例別之。

與謀曰"及","及"當爲"以",形近字誤。《春秋》莊八年以下,兵事不言"及",知不以"及"爲例。當爲"以",謂以楚師伐齊取穀是也。傳又曰"能左右之曰'以'","內用外師曰'以'","我爲人所用曰'會'"。在內爲"以",師在會則當云"會"也。

經：辛巳,有事(祭祀之事)于太廟,仲遂(公子遂)卒于垂(齊地,或曰在今山東省平陰縣)。

不言"公子"(經言"仲遂",不言"公子遂"),因上行還間無異事,省文從可知也。稱字(仲遂),時君所嘉,無義例也。

經不稱"公子"而氏"仲"(廖氏以"仲"爲氏,與杜注以"仲遂"爲字不同),不得云以爲省文。省文乃二傳一見、再見、卒名之例,不在此條。稱"仲"爲疏之,亦非稱字,當云"稱氏"也。

經：九月,晉侯、宋公、衛侯、鄭伯、曹伯會于扈(杜注以爲是鄭地,在今河南省原陽縣西)。晉荀林父(晉大夫)帥師伐陳。辛酉,晉侯黑臀(晉成公)卒于扈。

卒于竟外,故書地。

扈,晉地,以爲竟外,非也。諸侯卒于竟外,則當地國,不地邑矣。

經：陳殺其大夫洩冶(陳大夫)。

洩冶直諫于淫亂之朝以取死,故不爲《春秋》所貴而書名。

立論偏僻,殊非傳意。

傳：九年,春,王使(周王派使者)來徵聘(徵,召也。徵聘,示意魯國遣使往周聘問)。

徵聘，不書。

既來"徵聘"，自當言公，公亦必有此舉，而經乃不書。杜以爲"不書"是也，乃他條又固執"公舉"、"君舉"而言(莊公二十三年傳："君舉必書，書而不法，後嗣何觀？")，何耶？

傳：晉荀林父以諸侯之師伐陳。

不書諸侯師，林父帥之，無將帥。

非無將帥，略之不言耳。

經：癸巳，陳夏徵舒弑其君平國(陳靈公名)。

徵舒，陳大夫也。靈公惡不加民，故稱臣以弑。

靈公無道，因下見討賊之義，故稱臣，非君無道也。

經：秋，天王(周定王)使王季子來聘。

"王季子"者，《公羊》以爲天王之母弟，母弟而稱"季子"①，然則字"季子"(以"季子"爲字)也②。天子大夫例③稱字。

用《公羊》説而失其意。"季"爲字例，"子"爲號，以"季子"爲字非。此爲卿，亦非天子大夫。

經：齊侯使國佐(齊大夫，又稱國武子，國歸父之子)來聘。

既葬成君，故稱君(即稱"齊侯")、命使(即"使國佐")也。

---

① "母弟而稱'季子'"句原脱，據《左傳》杜注補。
② "也"字原脱，據《左傳》杜注補。
③ "例"字原脱，據《左傳》杜注補。

齊、晉非實侯,故居喪不稱"子",非因葬、不葬而異。杜因此條,創爲葬則稱君之説,于經多不通而曲護其説,可笑也。

傳:書曰"崔氏",非其罪也。

典策之法,告者皆當書以名。今齊特以族告,夫子因而存之,以示無罪。又言"且告以族,不以名"(見本傳下文)者,明《春秋》有因而用之,不皆改舊史。

不稱名者,因其告稱氏。不名,借以譏世卿。史書氏據告,經之書氏則譏世卿也。高、國去之,本非其罪,非罪而猶譏者,《春秋》常于嫌得者見不得,以起譏世卿也。"不皆改舊史"是也。惟傳言史法與經相合,此爲經、史相同,就經、史異説言之是也。若傳無明文,則不得臆造事實,以爲孰改孰不改。且其所不改者,皆史與經合,自有義例。又,非仍史則無義例也,仍史之説,乃煩于改者耳。

傳:凡諸侯①之大夫違(去國曰"違"),告于諸侯曰:"某氏之守臣某,失守宗廟,敢告。"所有玉帛之使者則告,不然則否。

恩好(恩好之國)不接,故亦不告。

經惟書大國、敵國,小國不書,尊卑之等也。

經:冬,十月,楚人殺陳夏徵舒(陳大夫)。丁亥,楚子入陳。

楚子(楚莊王)先殺徵舒,而欲縣陳(滅陳,而使其爲己之縣邑),後得申叔時(楚大夫)諫,乃復封陳,不有其地,故書"入(入陳)"在殺徵舒之後。

---

① "侯"字原脱,據《左傳》傳文補。

此不用外徵舒説。

經：(楚莊王)**納公孫寧、儀行父**(二人皆陳大夫)**于陳。**

二子淫昏亂人也。君弒之後，能外託楚以求報君之仇，內結強援于國，故楚莊得平步而討陳，除弒君之賊。于時，陳成公播蕩(流移失所)于晉，定亡國之嗣，靈公成喪，賊討國復，功足以補過，故君子善楚復之。

諸侯有納，大夫無納，言納大夫，是爲譏文矣。此等事，直書而美惡見，豈有反美楚子與二人補過之義？

傳：故書曰"楚子入陳，納公孫寧、儀行父于陳"。書，有禮也。

没其縣陳本意，全以討亂存國爲文，善其得禮。

美楚子專在復陳，不爲納大夫而善之。

經：夏，六月，乙卯，晉荀林①**父帥師及楚子戰于邲**(bì，河名，在鄭地，即今汴河。晉、楚交戰處在今河南省滎陽市西南)**，晉師敗績。**

晉上軍成陳(同"陣"，下同)，故書"戰"。

外大戰，必具戰敗之文，不爲"上軍成陳"乃書"戰"。

經：晉人、宋人、衛人、曹人同盟于清丘(衛地，在今河南省濮陽縣東南)**。**

晉、衛背盟，故大夫稱"人"。宋華椒(宋大夫)承羣僞

---

① "林"字原脱，據《左傳》經文補。

之言,以誤其國,宋雖有守信之善,而椒猶不免譏。

此用二傳譏貶之説,惜不能推廣。

經:十有五年,春,公孫歸父(魯大夫,魯莊公之孫,故曰公孫,東門襄仲之子)**會楚子于宋。夏,五月,宋人及楚人平。**

"平"者,總言二國和,故不書其人。

以"人"(指"宋人及楚人")言之,衆辭也。

經:六月,癸卯,**晉師滅赤狄潞氏**(潞,國名,赤狄之別種),**以潞子嬰兒**(潞子名)**歸。**

"潞氏",國(以國號爲氏),故稱"氏"。"子",爵也。林父(荀林父)稱師,從告。

"潞氏"以"氏"言,別赤狄之類,從狄言之也。稱"子",從中國詞言之,"子"非爵。滅稱"師",不以臣目滅也,非從告。

經:**王札子殺召伯、毛伯。**

"王札子",王子札也,蓋經文倒"札"字。

未免輕率。

傳:**初税畝**(按田畝多少徵税),**非禮也。穀出不過藉**(借也,借民力以耕田)。

周法,民耕百畝,公田十畝,借民力而治之(耕之),税不過此(即十税一)。

周百畝而徹,不用公田,公田乃助(助耕)。孔子定制,乃取殷助法,有公取周百畝定爲井九百,八家有公井之制。《春秋》之法,非周制已如此,孟子之言可証。

經：六月，癸卯，日有食之。

不書"朔"，官失之。

《五行志》引劉氏説有二日、晦日之分，《漢書·五行志下》："劉歆以爲《春秋》及朔言朔，及晦言晦。"杜説以爲皆朔日，史有闕文。

傳：凡太子之母弟，公在曰"公子"，不在曰"弟"。

以兄爲尊。

此傳説也，經則凡公子于父世不見，子不臣父也，惟"陳人殺其公子禦寇"，此太子，非公子。乃見稱"弟"親之，不見"以兄爲尊"義。

傳：凡稱"弟"，皆母弟也。

此策書之通例也。庶弟不得稱公弟，而母弟或稱"公子"。若嘉好之事，則仍舊史之文；惟相殺害，然後據例以示義。所以篤親親之恩，崇友于之好，《釋例》論之備[①]矣。

母弟正辭稱"公子"，有所見乃稱"弟"。鄭伯弟來聘名語，可見嘉好之事亦稱"弟"，非必殺害乃然。

經：秋，七月，邾人戕鄫子（鄫，國名，姒姓，在今山東省棗莊市東。鄫子，鄫國國君，子爵）于鄫。

傳例曰："自外曰戕。"邾大夫就鄫殺鄫子。

鄭君説加虐乃曰"戕"，常殺但云"殺"。

經：甲戌，楚子旅（或作"呂"、"侶"，即楚莊王）卒（楚君之卒書于《春秋》始于此）。

----

① "備"原誤作"詳"，據《左傳》杜注改。

吴、楚之葬,僭(僭號稱王)而不典(吴楚之君僭越稱王,不合周典),故絶而不書,同之夷蠻,以懲求名之僞。

隱襲《公羊》"吴、楚之君不書葬,避其禍也"(《公羊傳》宣公十八年:"吴、楚之君不書葬,辟其號也"。"號",廖氏作"禍",非)之説而易其辭,"求名"之説未安。

經:公孫歸父如晉。冬,十月,壬戌,公(魯宣公)薨于路寢(天子、諸侯正寢稱爲路寢)。歸父還自晉,至笙(地名,或曰在今山東省曹縣),遂奔齊。

凡大夫還不書,《春秋》之常也。今書歸父"還"、"奔",善其能以禮退。不書族者,非常所及。今特書,略之。笙,魯竟(同"境")外①,故不言"出"。

"大夫還不書",用二傳説。不書族者,一事再見,卒名也。傳有舍族尊夫人,叔孫豹不氏爲棄命之説,杜不推二條以説本傳是也。惟以此爲"略之",則未盡其義。

傳:邾人戕鄫子于鄫。凡自虐其君曰"弑",自外曰"戕"。

"弑"、"戕",皆殺也,所以别内、外之名。"弑"者,積微而起,所以相測量,非一朝一夕之漸。"戕"者,卒暴之名。

"戕"字,鄭君曾補細例。"弑者"云云,用二傳説。"戕"亦非暴卒之名。

傳:書曰:"歸父還自晉",善之也。

---

① "魯竟外",阮刻本作"魯竟也",按經義,當從之。

二傳以"還"爲善辭。傳于"師還"以爲善魯莊公,歸父還自晉以爲"善之也",是以"還"爲善例,與二傳同。

成公篇第八

經：秋,王(周定王)師敗績于茅戎(戎之別種,或謂居山西省平陸縣,或謂居河南省修武縣)。

不言"戰",王者至尊,天下莫之得校(比,比較,較量),故以自敗爲文。

用二傳説。

經：六月,癸酉,季孫行父(魯大夫,謚稱季文子,季友孫)、臧孫許(魯大夫,字孫許,謚稱宣叔,臧文仲之子)、叔孫僑如(魯大夫,謚稱宣伯,叔孫得臣之子)、公孫嬰齊(魯大夫,又稱仲齊,謚稱聲伯,叔肸之子)帥師會晉郤克(晉大夫)、衛孫良夫(衛大夫,又稱孫桓子)、曹公子首(曹大夫)及齊侯(齊頃公)戰于鞌(齊地,在今山東省濟南市歷城區附近),齊師敗績。

曹大夫常不書,而書"公子首"者,首命于國,備于禮,成爲卿故也。鞌,齊地。

用二傳而小變其説。按,曹爲小國,小國之卿例不書,非成爲卿則得書。當以二傳説爲長。

經：冬,楚師、鄭師侵衛。

子重(楚國令尹,名嬰齊,字子重)不書,不親伐。

略之稱"師",實則不止楚國之師,從者尚多,不言耳。

經：十有一月，公會楚公子嬰齊于蜀（魯地，或謂在今山東省泰安市西）。

公與大夫會，不貶嬰齊者，時有許、蔡之君故。

楚非大國，初有大夫，尊卑不嫌，故不諱。惟大國大夫尊同，乃諱之。

經：丙申，公及楚人、秦人、宋人、陳人、衛人、鄭人、齊人、曹人、邾人、薛人、鄫人盟于蜀。

傳曰："卿不書，匱盟（缺乏誠意的會盟）也。"然則楚卿于是始與中國牽。自此以下，楚卿不書，皆貶惡也。

用《公羊》"楚始有大夫"（《公羊傳》文公九年經："冬，楚子使椒來聘。"傳："椒者何？楚大夫也。楚無大夫，此何以書？始有大夫也。"）之說。

經：三年，春，王正月①，公會晉侯、宋公、衛侯、曹伯伐鄭。

宋、衛未葬（宋文公、衛穆公尚未下葬），而稱爵（稱"宋公"、"衛侯"）以接鄰國，非禮也。

踰年《春秋》書爵，實則三年然後稱君。以葬後為當稱君，與自以爵接鄰國，皆失之。

經：甲子，新宮（宣公廟）災，三日哭。（《禮記·檀弓下》云："有焚其先人之室，則三日哭。"故經云："新宮災，三日哭。"）

三年喪畢，宣公神主新入廟，故謂之"新宮"。書"三日哭"，善得禮。宗廟親之，神靈所憑，居而遇災，故哀而哭之。

---

① "月"字原脫，據《左傳》經文補。

本傳無文,用《穀梁》説。

經：鄭伐許。
不書將帥,告辭略。

不言其人(即"不書將帥"),以國(經書"鄭",是以國言之),狄之(以夷狄視之)也。

傳：晉郤克(晉大夫)、衛孫良夫(衛大夫)伐廧(qiáng)咎(gāo)如(廧咎如,赤狄別支,居今河南省安陽市附近),討赤狄之餘焉(宣公十五年,晉滅赤狄潞氏,其餘民散入廧咎如,故討之)。廧咎如潰,上失民也。

此傳釋經之文,而經無"廧咎如潰",蓋經闕此四字。

(經文)不言"潰",略之也。傳言"潰",而師據二傳例説之耳。以爲經闕,則大誤。

傳：小國之上卿當大國之下卿,中當其上大夫,下當其下大夫。上下如是,古之制也。

古制,公爲大國,侯、伯爲次國,子、男爲小國。

當云:"二伯爲大國,方伯爲次國,卒正爲小國。"

傳：衛在晉,不得爲次國。

春秋時,以強弱爲大小,故衛雖侯爵,猶爲小國。

晉之伯,《春秋》伯之,非受命(天子策命)之伯,故稱"侯"不稱"公",又外之,初不稱"伯父"。衛同稱"侯",故云不爲次國。

傳：十二月，甲戌，晉作六軍。①

爲六軍，僭王也。萬二千五百人爲軍。

三軍，百里國之制，與二伯有異。萬二千五百人爲一軍，小國之制，與二伯不同。杜不知此義。

傳：十一月，己酉，定王(周定王)**崩。**

經(經云："冬，十有一月，己酉，天王崩。")在蟲牢(鄭地，在今河南省封丘縣北)盟②(經云："公會晉侯、齊侯、宋公、衛侯、鄭伯、曹伯、邾子、杞伯同盟于蟲牢。")上，傳(即此傳文)在下，月倒錯(顛倒錯亂)。衆家傳，悉無此八字(此傳文之八字)，或衍文。

足見《左氏》非一本，有異同。

經：夏，宋公使公孫壽(宋卿，公子蕩之子)**來納幣。**

昏禮不使卿，今華元將命，故特書之。宋公無主昏者，自命之，故稱"使"也。公孫壽，蕩意諸之父。

"昏聘不使卿"，禮無此說，經無此例。"宋公無主昏者"、"稱使"，用《公羊》之誤說。

經：晉殺其大夫趙同(晉大夫，趙嬰齊、趙括同母兄)**、趙括**(晉大夫，趙嬰齊同母兄，趙同同母弟)**。**

傳曰："原(即趙同，因食邑於原，故又稱原同)、屏(即趙括，因食邑於屏，故又稱屏括)、咎(殃咎)之徒也。"明本不以德義自居，

---

① 《周禮·夏官·司馬》："凡制軍，萬有二千五百人爲軍。王六軍，大國三軍，次國二軍，小國一軍。"晉原有上、中、下三軍，此時又增置新上、中、下三軍，制同天子，故傳云"爲六軍，僭王也"。

② "盟"字原脫，據《左傳》杜注補。

宜其見討,故從告辭而稱名。

愈爲迂曲無理。

傳：凡諸侯嫁女,同姓媵（陪嫁。古諸侯嫁女,以姪娣從嫁稱媵）**之,異姓則否。**

必以同姓者,參骨肉至親,所以息(絕)陰訟(因縱欲淫蕩等事而引起的爭吵不和)。

此諸侯禮,若天子娶十二女,同得用異姓,如齊媵是也。

經：二月,伯姬歸于宋。

宋不使卿逆,非禮。

不親迎,則書"歸"。

經：晉人執鄭伯。

鄭伯既受盟于蒲(在今河南省長垣縣),又受楚賂會于鄧(在今河南省鄧縣),故晉執之。稱"人"者,晉以無道于民告諸侯。例在十五年。

稱"人",伯討也,但言鄭有罪耳。《春秋》稱"人",以衆詞執(即稱"晉人執"),豈晉自以稱"人"、稱爵爲褒貶耶?

經：五月,公會晉侯（晉厲公,時景公疾,晉人立太子爲君）**、齊侯**（齊靈公）**、宋公**（宋共公）**、衞侯**（衞定公）**、曹伯**（曹宣公）**伐鄭。**

晉侯,太子州蒲也。稱爵,見其生代父居位,失人子之禮。

太子攝命(假攝君命)而往,當稱"子",此何以不稱"子"?尊晉侯之命也。尊其命,故目晉侯,不以"子"言之也。

經：齊人來媵。

媵伯姬也。異姓來媵,非禮也。

宋爲王後(殷之後),用天子之禮,故有異姓。在諸侯爲失禮,在宋爲得禮。(廖氏以爲天子娶,異姓可媵,諸侯則否。宋爲王後,故用天子之禮。)

傳：五月,晉立太子州蒲以爲君(晉厲公),而會諸侯伐鄭。

生立子爲君(時景公疾,未薨),此父不父,子不子。經因書晉侯,其惡明。

此太子攝政耳,不必過泥傳文。

經：十有一年,春,王三月,公至自晉。

正月公在晉,不書,諱見止(拘禁)。

在晉不存公,在楚乃存,此中外例,非諱"見止"不書。

經：秋,叔孫僑如(魯大夫,叔孫得臣之子)如齊逆女。

成公逆夫人,最爲得禮,而經無納幣者,文闕絕也。

見者不復見耳,豈文闕絕耶？若史文,則闕絕不知凡幾矣。

傳：非聖人(指孔子),誰能修之？

修史策成此五者。("此五者"即成公十四年傳文所謂："《春秋》之稱,微而顯,志而晦,婉而成章,盡而不汙,懲惡而勸善。")

既經孔子修乃成此五美(即注文所謂"五者"),則説經當全就孔子立論,不必再言史法。杜乃多就史策言之,是孔子修如未修矣,此其自相矛盾處。

經：宋華元(宋大夫)出奔晉。宋華元自晉歸于宋。

華元欲挾晉以自重，故以外納告。（成公十八年傳例曰："凡去其國，國逆而立之，曰'入'；復其位，曰'復歸'；諸侯納之曰'歸'。"今經文言"歸"，可知華元返宋自是由晉納之。宋以晉納告於諸侯，故經文從而書之。）

不必言告。

經：楚殺其大夫公子側(楚大夫，名側，字子反)。

側，子反。背盟無禮，卒以敗師，故書名。

書名爲正，非有罪之辭。此杜誤説殺大夫稱"人"爲有罪，稱"國"爲無罪。楚殺皆稱國不稱"人"者，略之也。略，故不言有罪無罪。

經：秋，公會晉侯、齊侯、衛侯、宋華元、邾人于沙隨(宋地，在今河南省寧陵縣北)，(晉厲公)不見公(魯成公)。

(魯)不及鄢陵戰(鄢陵之戰見成公十六年)故。不諱者，恥輕于執止。

傳"公不與不書"（文公十五年傳："凡諸侯會，公不與不書，諱君惡也；與而不書，後也。"），此公不與而書爲變例。"不見公"者，可以見也，因可以見，故不諱，而書諸侯會。

傳：曹伯(曹宣公)歸自京師。

諸侯歸國，或書名，或不書名，或言"歸自某"，或言"自某歸"，無傳義例，從告辭。

傳偶無文，若不補例，闕之可也，以爲"無傳義例"則大非矣。諸侯無"自某歸"之例。

經：冬，十月，乙亥，叔孫僑如出奔齊。

公未歸,命國人逐之。
此非公命而書者,據此足見不以公命爲斷。

經:**夏,公會尹子**(周卿士)、**單子**(周卿士)、**晉侯、齊侯、宋公、衞侯、曹伯、邾人伐鄭。**
周使二卿(尹子、單子)會之。晉爲兵主而猶先尹、單,尊王命也。單伯稱"子",蓋降爵。
以稱"子",爲二卿是也;乃以"子"爲"伯"之降,則舛誤之甚。畿内諸侯以公、大夫、士爲等級,何書有公、侯、伯、子、男外諸侯之五等耶?"伯"爲字,天子大夫也。"子"尊于"伯",稱"子"豈得爲降?杜不知"單子"爲王臣、"單伯"爲監者之義。

經:**九月,辛丑,用郊**(舉行郊祭)。
書"用郊",從史文。
不以"用"字爲例,未通傳義。

經:**庚申,晉弑其君州蒲**(晉厲公名)。
不稱臣,君無道。
當云"稱國以弑,君無道甚矣"。傳有稱"人"、稱臣二例,此稱國例,當據補之。

傳:(晉厲公)**葬于翼**(晉邑,曾爲晉舊都,在今山西省翼城縣東)**東門之外,以車一乘**(用一乘車陪葬)。
言不以君禮葬,諸侯葬車七乘。
此不成喪。隱云不成喪,明以見弑君也。

傳：凡去其①國，國逆而立之曰"入"。

謂本無位，紹繼（繼承）而立。

以下二句爲諸侯例。按，諸侯、公子統言"入"，不當以"紹繼而立"爲言。"逆"謂不順理，非"送逆"之"逆"。例以別美惡，不言事實。

傳：復其位，曰"復歸"。

亦國逆。

"入"爲惡，"歸"爲善，"復歸"爲尤善，復其位而安至如歸也。

傳：諸侯納之，曰"歸"。

謂諸侯以言語告請而納之，有位無位皆曰"歸"。

以下二句爲大夫例。"歸"爲善詞。大夫歸皆言"自某"，故云"諸侯納之"。

傳：以惡曰"復入"。

謂身爲戎首（發動戰爭的主謀、禍首），稱兵入伐，害國殄民者也。此四條所以明外、內之援，辨逆、順之辭，通君臣取國、有家之大例。

大夫有"復入"，諸侯無"復入"。"入"爲惡，"復入"尤惡。

傳："丁未，葬我君成公。"書，順也。

薨于路寢，五月而葬（按禮，諸侯五月而葬），國家安靜，世適承嗣，故曰"書，順也"。

此"順"與"國逆而立"（之）"逆"字對文，立不正爲"逆"。

---

① "其"字原脱，據《左傳》傳文補。

襄公篇第九

傳：元年,春,己亥,圍宋彭城(在今江蘇省徐州市)。非宋地,追書(追述)也。

　　成十八年,楚取彭城,以封魚石(魚石,宋大夫。成公十八年傳:"夏,楚子、鄭伯伐宋。宋魚石復入於彭城。"),故曰"非宋地"。夫子治《春秋》,追書繫之宋。

何必如此張皇！實則全書皆夫子追書,非史文。杜意以宋告不言"宋",魯史仍云無"宋"字耳。

傳：夏,五月,晉韓厥(晉大夫,或爲曲沃桓叔之後,韓萬玄孫)、荀偃(晉大夫,荀庚子)帥諸侯之師伐鄭,入其郛(fú,外城)。

　　荀偃不書(不書於經),非元帥。

不書,舉重也。

傳：凡諸侯即位,小國朝之,大國聘焉。

　　大字小。

敵國亦如此,不必言"字小"。

經：夏,五月,庚寅,夫人姜氏(魯成公夫人)薨。六月,庚辰,鄭伯睔(gùn,鄭成公名)卒。

　　未與襄(魯襄公)同盟,而赴以名。庚辰,七月九日,書六月,經誤。

支干數目固易差誤,然杜氏所言《長曆》恐不能全無誤處。

經：戊寅,叔孫豹(魯大夫,叔孫僑如弟)及諸侯之大夫,及陳袁僑(陳大夫)盟。

諸侯既盟,袁僑乃至,故使大夫別與之盟。言"諸侯之大夫",則在雞澤(在今河北省邯鄲市東)之諸侯也。(前經云:"六月,公會單子、晉侯、宋公、衛侯、鄭伯、莒子、邾子、齊世子光。己未,同盟於雞澤。陳侯使袁僑如會。")殊袁僑者,明諸侯大夫所以盟,盟袁僑也。據傳,盟在秋。《長曆》推戊寅七月十三日,經誤。

說本二傳,以爲經誤,固杜氏之常。

經：八月,辛亥,葬我小君(諸侯夫人稱小君)定姒(成公妾,襄公母)。

"定",謚也。赴同,祔姑,反哭,成喪皆以正夫人禮。母以子貴。

"母以子貴",《公羊》説。既立以夫人,故夫人之,不立者不以爲夫人,姒氏是也。豈以夫人禮,遂夫人之?

傳：對曰:"三《夏》(舊樂章名,其辭今亡),天子所以享元侯(諸侯之長)也。"

元侯,牧伯。

元侯爲二伯,牧伯乃方伯。杜不知二伯、方伯之分。

傳：匠慶(魯大匠,其職爲匠,名曰慶)用蒲圃(場圃名)之槚(木名,善爲棺椁)。季孫不御(阻止)。

御,止也。傳言遂得成禮,故經無異文。

杜強傳文以合己說。不成喪、不書葬有別義,經則禮不成者不必不葬,杜説誤。

傳：書曰："楚殺其大夫公子壬夫（楚令尹，字子辛，名壬夫）。"貪也。君子謂楚共王于是（對於此事）不刑（刑罰不當）。

陳之叛楚，罪在子辛（公子壬夫）。共王既不能素明法教，陳叛之日，又不能嚴斷威刑，以謝小國，而擁其罪人，興兵致討，加禮于陳，而陳恨彌篤，乃怨而歸罪子辛。子辛之貪，雖足以取死，然共王用刑爲失其節，故言"不刑"。

稱國以殺，方以爲壬夫貪，又以爲楚共王不刑，足見言大夫之罪者，兼有責其君之例。

傳：九月，丙午，盟于戚（衛邑，在今河南省濮陽縣北），會吳，且命戍陳也。

公及其會而不書盟，非公後會，蓋不以盟告廟。

爲盟夷狄，故經略不言，豈因不告廟？經爲夫子修，豈猶曲顧告廟之文耶？

傳：季文子（魯大夫，季孫行父，季友孫。謚文，故又稱季文子）卒，大夫入斂，公在位。

（公）在阼階（東階），西鄉。

此公與小斂之証，師偶據此爲説。

傳：六年，春，杞桓公卒。（經云："六年，春，王三月壬午，杞伯姑容卒。"）始赴以名，同盟故也。

杞入《春秋》，未嘗書名。桓公（杞桓公）三與成（魯成公）同盟，故赴以名。

師意謂以同盟之禮待之耳,不謂見經有同盟明文。傳言同盟、不同盟,不以見經爲斷。

經:十有①二月,己亥,同盟于戲(鄭地,在今河南省登封縣嵩山北)。

傳言"十有一月,己亥",以《長曆》推之,十二月無"己亥",經誤。

自立一說,遂據以駁經,可謂膽大。

經:十年,春,公會晉侯(晉悼公)、宋公(宋平公)、衛侯(衛獻公)、曹伯(曹成公)、莒子(莒犁比公)、邾子(邾宣公)、滕子(滕成公)、薛伯(薛文侯)、杞伯(杞孝公)、小邾子(小邾穆公)、齊世子光(齊靈公世子)會吳于柤(zhā,楚地,在今江蘇省邳縣北)。

吳子(壽夢)在柤,晉以諸侯往會之,故曰"會吳"。吳不稱"子",從所稱也。

殊會,外之也。吳不稱"子",因爲夷狄,《春秋》狄之,非自不稱"子"。

經:楚公子貞(楚莊王子,名貞,字子囊)、鄭公孫輒(鄭大夫,名輒,字子耳)帥師伐宋。晉師伐秦。

荀罃(晉大夫,荀首之子,又稱知武子)不書,不親兵也。

秦、晉之事,《春秋》略之。

經:戍鄭虎牢(今河南滎陽縣,虎牢原爲鄭地,今爲諸侯佔領)。

伐鄭,諸侯各受晉命戍虎牢。不復爲告命,故獨書魯

---

① "有"字原脱,據《左傳》經文補。

戍而不叙諸侯。
　　主善以內，不叙諸侯，不必言告命、不告命。

傳：秋，七月，楚子囊(楚莊王子，名貞，字子囊)、**鄭子耳**(鄭大夫，名輒，字子耳)**侵我西鄙**。
　　于魯無所恥，諱而不書，其義未聞。
　　經例惟三國言"鄙"，餘不言。三國外，伐我惟書吳，故不書楚、鄭伐。

傳：諸侯之師城虎牢而戍之。晉師城梧(當在虎牢附近，即今河南汜水西)**及制**(即虎牢)。
　　不書"城"，魯不與也。
　　言"戍"而"城"可省，非魯不與。

傳：王叔(王叔陳生，周卿士)**奔晉。不書，不告也**。
　　此史不書而經亦不加者，故經不書。

經：十有一年，春，王正月，作三軍(上軍、中軍、下軍。按周制，天子六軍，大國三軍，中國二軍，小國一軍)。
　　增立中軍。萬二千五百人爲一①軍。
　　特立一軍，不必言人數。萬二千五百人爲一軍，乃五十里小國之制，百里大國四倍于此，方伯大國百倍于此。

傳：楚子囊乞旅(即乞師，請求出兵援助)**于秦。秦右大夫詹帥師從楚子，將**(去聲，率領)**以伐鄭。鄭伯逆之**(迎接，表示

---

① "一"字衍，據《左傳》杜注當刪。

順服)。**丙子,伐宋。**

鄭逆服,故更伐宋也。秦師不書,不與伐宋而還。

<small>楚子從國不常叙,不必(言)與伐、不與伐。</small>

傳:諸侯之師觀兵于鄭東門,鄭人使王子伯駢(鄭大夫)**行成**(議和)。**甲戌,晉趙武**(晉大夫,趙盾孫)**入盟鄭伯。冬,十月,丁亥,鄭子展**(鄭大夫,公孫舍之,字子罕,謚桓子)**出盟晉侯。**

二盟不書,不告。

<small>不書,略之,非不告。</small>

傳:十二月,戊寅,會于蕭魚(在今河南省新鄉市)。

經書"秋",史失之。

<small>經、傳時、月不相合,多由字誤。</small>

傳:己丑,秦、晉戰于櫟(其地不詳,或在黄河以北)。**晉師敗績,易**(輕視)**秦故也。**

不書敗績,晉恥"易秦"而敗,故不告也。

<small>不書敗績,晉、秦之戰亟(qì,屢次、多次)矣,經略之也。</small>

傳:爲邢、凡、蔣、茅、胙、祭(諸侯國名,六國皆爲周公之子所封,與魯國同祖周公),**臨于周公之廟。**

即祖廟也。六國皆周公之支子,別封爲國,共祖周公。

<small>凡祭,皆畿内封(封地)、采(采邑)見經者,非外諸侯、別封國。</small>

傳：十三年，春，公至自晉。孟獻子（魯大夫，仲孫蔑，又稱孟獻子）書勞（勛勞）于廟，禮也。

書勳勞于策也。桓二年傳曰："公至自唐，告于廟也。凡公行，告于宗廟；反行，飲至、舍爵、策勳，禮也。"桓十六年傳又曰："公至自伐鄭，以飲至之，禮也。"然則還告廟、及飲至、及書勞三事，偏行一禮，則亦書"至"。悉闕，乃不書"至"。傳因獻子之事以發明凡例。《釋例》詳之。

傳散見三事（告廟、飲至、書勞），"凡"總而目之。此"凡"出于傳之實証，經書致有別義，傳因經書致，乃于經下繫事，如觀樂、同官①之比。以事附經，非因有此禮乃書之傳，無不行不書之傳。

傳：夏，邿（shī，魯附屬小國，在今山東省濟寧市東南）亂，分爲三（國小而內不合，分裂爲三），師救邿，遂取之。

經不稱"師"（經云："夏，取邿。"），不滿二千五百人（按周制，軍隊滿二千五百人爲師），傳通言之。

不言"師"，諱滅國也。"軍"與"師"通文，不必言其數，以"師"爲二千五百人。天子六軍，或云天子六師，"軍"、"師"同文也。

經：十有②四年，春，王正月，季孫宿（魯大夫，季友孫，又稱季武子）、叔老（魯大夫，叔齊，叔肸孫）會晉士匄（晉大夫，名匄，謚文伯）、齊人、宋人、衛人、鄭公孫蠆（鄭大夫，字子蟜）、曹人、莒人、邾人、滕人、薛人、杞人、小邾人會吳于向（鄭地，在今河南省尉氏縣西南）。

---

① "同官"，《廖平全集》認爲疑作"問官"。
② "有"字原脫，據《左傳》經文補。

吴來在向,諸侯會之,故曰"會吴"。
殊會吴,外之。

經:己未,衛侯(衛獻公)**出奔齊。**
諸侯之策,書"孫(孫林父)、甯(寧殖)逐衛侯"。《春秋》以其自取奔亡之禍,故諸侯失國者,皆不書逐君之賊也。不書名,從告。
《春秋》不以臣加于君,故不言出其君,而以自奔爲文。諸侯不生名,不書名,常也;稱名,加以誅絶之罪。

傳:于是子叔齊子爲季武子(魯大夫,季孫宿)**介**(輔、助手)**以會。自是晉人輕魯幣而益敬其使。**
齊子,叔老字也。言晉敬魯使,經所以并書二卿。
會列二卿,以見賓、介之義。餘不見,爲略之。

經:十五年,春,宋公使向戌(宋大夫,宋桓公曾孫)**來聘。二月,己亥,及向戌盟于劉**(地名,在曲阜郊外)**。劉夏**(天子娶妻不親迎,故使劉夏迎之)**逆王后于齊。**
劉,采地。夏,名也。天子卿書字,劉夏非卿,故書名。天子無外,所命則成,故不言逆女。
劉夏與劉卷同爲天子卿,故在會稱"子"。此名者,君前臣名,從王后之尊,以名之也。天子卿稱"子",大夫稱字。"天子無外"以下,用二傳説。

傳:官師從單靖公(周天子卿士)**逆王后于齊,卿不行,非禮也。**

官師①,劉夏也。天子官師,非卿也。劉夏獨過魯告昏,故不書單靖公。天子不親昏(親迎,婚禮"六禮"之一),使上卿逆而公監之,故曰"卿不行,非禮"。

<small>劉子、單子皆卿也。官師,即卿從者。單子爲介,不見經。"卿不行",當云"公不行"。天子不親迎,當使公,諸侯乃使卿,劉夏卿行,是"公不行"爲譏。傳以祭公爲合禮,是公當行也。</small>

傳:齊子(叔老)帥師②會晉荀偃(晉大夫,又稱中行獻子,荀庚子)。書曰"會鄭伯",爲夷故也。

夷,平也。《春秋》于魯事所記不與外事同者,客、主之言,所以爲文固當異也。魯卿每會公、侯,《春秋》無譏,故于此示例。不先書主兵之荀偃,而書後至之鄭伯,時皆諸後大夫,義取皆平,故得"會鄭伯"。

<small>此內外例。</small>

經:陳侯(陳哀公)之弟黃(《公羊傳》、《穀梁傳》作"光")出奔楚。

稱"弟",明無罪。

<small>以稱"弟"、不稱"弟"爲例。</small>

經:邾庶其(邾大夫)以漆、閭丘(皆邾邑,均在今山東省鄒城市東北)來奔。

---

① 《禮記·祭法》:"王立七廟,諸侯立五廟,大夫立三廟,適士二廟,官師一廟。"鄭注云:"適士,上士也","官師,中士、下士"。又《漢書·賈誼傳》云:"官師小吏。"楊伯峻《春秋左傳注》:"官師,一官之長,其位不甚高。"故杜注云:"天子官師,非卿也。"

② "師"原誤作"帥",據《左傳》傳文改。

以邑出,爲叛。適魯而言"來奔",内外之辭。
本二傳説,内外例。

經：秋,欒盈（晉大夫,又稱欒懷子）**出奔楚**。
盈不能防閑（防備、禁阻）其母,以取奔亡。稱名,罪之。
直書其事而罪過,見盈之惡多矣,不必以"防閑其母"立説。

經：陳殺其大夫慶虎及慶寅（二人皆陳大夫）。
書名,皆罪其專國叛君。言"及",史異辭,無義例。
經爲孔子所修,其不得以爲史文無義例。

經：冬,十月,乙亥,臧孫紇（魯大夫,又稱臧武仲,宣叔子）**出奔邾**。
書名者,阿順（阿諛隨順）季氏,爲之廢長立少,以取奔亡,罪之。
大夫出奔例名,豈有大夫奔而不名者。

經：衛侯（衛獻公）**入于夷儀**（在今山東省聊城市西）。
夷儀,本邢地,衛滅邢而爲衛邑。晉憖衛衎（kàn,衛獻公名）失國,使衛分之一邑。書"入"者,自外而入之詞,非國逆之例。
衛侯入夷儀,與鄭伯入櫟相同。"入"者,惡辭。凡書"入",皆爲惡。傳例曰"以惡曰'復入'",包"入"而言。國逆而立之曰"入",非迎逆(即非"迎逆"之"逆"),乃順逆(即"順逆"之"逆"),據此可見。

傳：夏,五月,秦、晉爲成（講和）。**晉韓起**（晉大夫,又稱韓宣子)**如秦涖盟**(參加盟會)。**秦伯車**(名鍼,秦桓公子,秦景公母弟)**如晉涖盟**。

傳爲後年修成起本,當繼前年之末而特跳此者,傳寫(傳抄、轉抄)失之。

此劉氏引傳解經失檢之故。

經：甲午,衛侯衎(衛獻公)**復歸于衛**。

復其位曰"復歸"。名與不名,傳①無義例。

既以衛侯燬滅邢爲義例,則此不得云"無義例"。

經：秋,宋公(宋平公)**殺其世子痤**。

稱君以殺,惡其父子相殘害。

本二傳說,不以稱君、不稱君爲無義例。

傳：甲年,衛侯入。書曰"復歸",國納之也。

本晉納之夷儀,今從夷儀入國,嫌若晉所納,故發國納之例。言國之所納而復其位。

傳例,"國逆而立之曰'入'"。杜以"國逆"爲"國納之",復其位曰"復歸"。今傳以"國納"解"歸"字,是"國逆"與"國納"有別,非逆而立之也。"歸"爲歸其位,"復歸"爲復歸其位,傳言"復歸",所以包"歸"言之。

傳：對曰："晉士起(韓起,又稱韓宣子)**將歸時事**(四時貢職)**于宰旅**(冢宰的屬吏。言獻職貢於宰旅,不敢斥尊者),**無他事矣。"**

---

① "傳"字原脱,據《左傳》杜注補。

起,宣子名。禮,諸侯大夫入天子國稱"士"。

《曲禮》:大國大夫入天子國自稱曰"士",于外曰"子"。(《禮記·曲禮下第二》:"列國之大夫,入天子之國曰'某士',自稱曰'陪臣某',於外曰'子',於其國曰'寡君之老'。")鄭君引傳士起、高子爲証。齊、晉二伯大國,故可稱"士"、稱"子",方伯以下無此例。

經:夏,叔孫豹會晉趙武(晉卿,趙盾之孫,趙朔之子,又稱趙文子、趙孟)、楚屈建(名建,字子木,楚令尹)、蔡公孫歸生(蔡大夫)、衛石惡(衛大夫,又稱石悼子)、陳孔奐(陳大夫)、鄭良霄(鄭大夫,字伯友)、許人、曹人于宋。

案傳,會者十四國,齊、秦不交相見,邾、滕爲私屬,皆不與盟。宋爲主人,地于宋,則(宋)與盟可知,故經惟序九國大夫。楚先晉歃(歃血)而書先晉,貴信也。陳于晉會,常在衛上,孔奐非上卿,故在石惡下。

十四國而書九國,此隱見例。楚在先而後晉,此加損例。陳、蔡、衛三國無一定次序,不必附會。

經:衛侯(衛獻公)之弟鱄(或作"專")出奔晉。

衛侯始者云"政由甯氏,祭則寡人"(見襄公二十六年傳),而今復患其專,緩答免餘,既負其前信,且不能友于賢弟,使至出奔,故書"弟"以罪兄。

《春秋》重信,書此以美鱄之信,衍說可不必。

經:秋,七月,辛巳,豹(叔孫豹)及諸侯之大夫盟于宋。

夏會之大夫也。豹不倚順,以顯弱命之君,而辨小是以自從，故以違命貶之。《釋例》論之備矣。

此以再見卒名爲正説，杜氏所謂省文也。師説以豹不氏爲棄命，此一家之言。

經：冬，十有二月，乙亥，朔，日有食之。

今《長曆》推，十一月朔，非十二月。傳曰："辰在申，再失閏。"（襄公二十七年傳："辰在申，司歷過也，再失閏矣。"）若是十二月，則爲三失閏，故知經誤。

可以不説。

傳：乃先楚人書。先晉，晉有信也。

蓋孔子追正之。

此説是也，惜不推廣此例，多説以史。

傳：夏，齊侯、陳侯、蔡侯、北燕伯、杞伯、胡子、沈子、白狄朝于晉，宋之盟故也。

陳侯、蔡侯、胡子、沈子，楚屬也。宋盟曰"晉、楚之從（從屬之國），交相見（交相朝見，晉之從屬之國朝楚，楚之從屬之國朝晉。襄公二十七年，晉、楚及諸侯盟于宋，傳云"請晉、楚之從，交相見也"）"，故朝晉。燕國，今薊縣。

此外相如不書之例。

傳：癸巳，天王崩。未來赴，亦未書，禮也。

嫌時已聞喪，當書，故發例。

史因不赴不書，經不筆之，故經、史相合。

經：二十有九年，春，王正月，公在楚。

公在外，闕朝正之禮甚多，而惟書此一年者，魯公如楚，既非常，此公又踰年，故發此一事以明常。

中國不存公，楚乃存公，不爲朝正乃書之。

經①：閽(守門人)弑吳子餘祭(吳子名)。

閽，守門者，下賤，非士，故不言"盜"。

"盜"、"閽"一也，非士則書"盜"。

經②：吳子使札(季札，吳王壽夢次子，時有賢名)來聘。

不稱"公子"，其禮未同于上國。

書吳聘，明其爲方伯也。不氏，《春秋》于夷狄初見待之如小國之制，與楚椒、秦術相同。

傳：二十九年，春，王正月，公在楚，釋不朝正于廟也。

釋，解也。告廟在楚，解公所以不朝正。

經爲危公久在楚乃書之，傳以爲書以見公所以不朝告之故。

傳：乃使巫(巫祝)以桃(桃木枝，鬼所惡)、苅(liè，箒帚，可以掃除不祥)先祓殯(爲殯葬祓除不祥)。楚人弗禁，既而悔之。

禮，君臨臣喪乃祓殯，故楚悔之。

此魯君親送喪而不書，猶可云爲魯諱。君猶親送喪，則使人可知，而楚皆不葬，知不當以爲我有往必書。

---

① "經"原誤作"傳"，據《左傳》經文改。
② "經"原誤作"傳"，據《左傳》經文改。

傳：魯之于晉也，職貢（魯國向晉國所交的貢納）**不乏，玩好**（玩賞與愛好之物）**時至，公卿大夫相繼于朝，史不絕書，**

書魯之①朝聘。

府（庫府）**無虛月。**

無月不受魯貢。

據此，知經于史文所削多矣。

傳：爲之歌《邶》（《詩經·邶風》，下《鄘》、《衛》同出《詩經》諸篇）**、《鄘》、《衛》**（邶、鄘、衛本三國，所謂三監，三監叛周，周公平定之，後併入衛，故下文季札只言衛）。

武王伐紂，分其地爲三監。三監叛，周公滅之，更封康叔并三監之地，故三國盡被康叔之化。

三監之說，傳無明文，于此可見。

傳：爲之歌《王》（《王風》，下同）。

王，《黍離》（《王風》首篇）也。幽王遇西戎之禍，平王東遷，王政不行于天下，風俗下與諸侯同，故不爲《雅》（雅類詩歌，下同）。

《國風》言九州之事，《王》主中州，所謂中天下而立，定四海之民。《國風》中必有《王》，與《雅》別，非《雅》、《王》降爲《風》。

傳：爲之歌《豳》（bīn，即《豳風》）。

《詩》第十五（指篇次，下同）。豳，周之舊國，在新平漆縣東北。

---

① "之"字原脱，據《左傳》杜注補。

當以傳本爲正。今本《豳》居末,非也,乃毛氏本妄改古事①耳。

傳：自《鄶》(kuài,《鄶風》,下同)**以下,無譏焉。**

《鄶》第十三,《曹》(《曹風》)第十四。言季子聞此二國歌,不復譏論之,以其微也。

二《南》(《周南》、《召南》)爲二伯,《邶》、《鄘》、《衛》、《鄭》、《齊》、《豳》、《秦》、《魏》、《唐》、《陳》爲八方伯,《檜》、《曹》爲卒正,與《春秋》許、曹同。此爲真古本,不當據毛本疑之。

經：十有一月,莒人弒其君密州。

不稱弒者主名,君無道也②。

小國與大國不同。稱"人"者,莒無大夫,正詞稱"人"也。

昭公篇第十

經：三月,取鄆(yùn,或作"運",原爲魯地,時爲莒所占,在今山東省沂水縣東北)。

不稱將帥,將卑師少。書"取",言易也。

"書'取',言易",不當更用"將卑師少"之説。

經：秋,莒去疾(莒國公子,名展輿,字去疾,後嗣位,稱莒著丘公)**自齊入于莒。**

國逆而立之曰"入"。

言"入",惡詞也。傳例"以惡曰'復入'",包"入"而言。"國逆而立之"

---

① "古事",《廖平全集》認爲疑作"古書",當是。
② "也"字原脱,據《左傳》杜注補。

者,不當立而立,其道不順也。

傳：荀吳(晉國大夫,荀偃之子,諡"穆",故又稱中行穆子)**之嬖人**(寵臣)**不肯即卒**(即,就也。即卒,就步兵行列),**斬以徇**(示衆)。**爲五陳**(五種陣勢,即下文所言"兩"、"伍"、"專"、"參"、"偏")**以相離**(相互配合),**兩于前,伍于後,專爲右角**①**,參爲左角,偏爲前拒,以誘之。翟**(同"狄")**人笑之,未陳而薄**(迫近)**之,大敗之。**

傳言荀吳能用善謀。

此爲"未陳曰'敗'"之正說。(莊公十一年傳云:"凡師,敵未陳曰'敗某師'。")

傳：觀書②**于太史氏,見《易象》與《魯春秋》,曰:"周禮盡在魯矣"。**

《易象》,上下經之象辭。《魯春秋》,史記之策書。《春秋》遵周公之典以序事,故曰"周禮盡在魯矣"。

《易象》、《春秋》據已定言之。以爲"周禮"者,孔子云"從周"(《論語·八佾》:"子曰:'周監於二代,郁郁乎文哉!吾從周。'"),託之于周也。

傳：吾乃今知周公之德與周之所以王也。

《易象》、《春秋》,文王、周公之制。當此時,儒道廢,諸國多闕,惟魯備,故宣子適魯而説之。

以六經託之周公,故爲此説。所謂聖作賢述,先後相同也。

---

① "專爲右角"四字原脱,據《左傳》傳文補。
② "書"字原脱,據《左傳》傳文補。

經：北燕(諸侯國名,在今天津市薊縣)伯款(燕簡公名),出奔齊。

不書大夫逐之而言"奔",罪之也。書名,從告。

不使臣加于君,故以自奔爲文。書名,《曲禮》曰"諸侯不生名,失地名"。(《禮記·曲禮下》："諸侯不生名,君子不親惡,諸侯失地名,滅同姓名。")

傳：丁未,滕子原(滕子名)卒。同盟,故書名。

同盟于襄(魯襄公)之世,亦應從同盟之禮,故傳發之。

經以同盟之禮待之,不謂實事同不同。

經：四年,春,王正月,大雨雹。

當雪而雹,故以爲災而書之。

災而兼異,不獨爲災。

經：楚人執徐子(徐子,徐國國君。徐,國名,已姓,舊都介根,在今山東省膠州市西南,後遷莒,在今山東省莒縣)。

稱"人"以執,以不道于其民告。

經書"人"耳,非"以不道于其民告"。

傳：子產(鄭國大夫,名公孫僑,字產)曰："小國共(同"供")職,敢不薦(進獻)守(職守,指所進獻之物)？"獻伯、子、男會公之禮六(諸侯會見盟主之禮六種)。

鄭,伯爵,故獻伯、子、男會公之禮。其禮同,所從言之異。

鄭爲方伯,例稱"侯",因見入爲卿士(天子卿士),故稱"伯"。伯,字也,非爵。傳以伯、子、男言之,此緣經立説,非鄭果伯爵。又,鄭爲外諸侯(畿外諸侯),傳云入爲王朝卿,亦緣經立説。

傳:吳人敗其師(楚師)**于房鍾**(在今安徽省蒙城縣西南),**獲宮厩尹**(楚國官名)**棄疾**(楚大夫,鬭韋龜之父)。**子蕩**(楚大夫)**歸罪于蒍洩**(楚大夫)**而殺之。**

"歸罪于蒍洩",不以敗告,故不書。

略之,故不書。

經:八年,春,陳侯(陳哀公)**之弟招**(公子招)**殺陳世子偃師**(陳哀公太子)。

以首惡從殺例,故稱"弟",又稱"世子"。

稱"弟",盡其親以惡之。"公子"爲正稱,"弟"爲變。

經:秋,蒐(sōu,春獵,此指檢閲軍隊車馬)**于紅**(在今江蘇省蕭縣西南)。

革車千乘,不言大(大蒐)者,經文闕也。

大蒐,方伯簡(檢閲,下同)一州之兵。蒐,方伯自簡本國之兵。方伯千乘,自簡軍,故不言"大"。説詳《漢書·刑法志》,非經有闕。

經:冬,十月,壬午,楚師滅陳。

不稱將帥,不以告。

夷狄滅中國,貶之稱"師",非不以將帥告。

經:執陳公子招,放(流放)**之于越**(越國)。

復稱"公子",兄已卒。

傳例:公在曰"公子",不在曰"弟"。謂于父世稱"公子",兄世稱"弟"。

此稱"公子",本爲正稱,稱"弟"乃變。此復正稱,不必言不在兄世。

經：葬陳哀公。

嬖(嬖幸,寵幸)人袁克(陳大夫)葬之,魯往會(會葬),故書。

嬖人私葬陳侯,其事詭秘,其國既亡,魯何得往會？此事陳不告,魯亦不往。《春秋》存陳,不使楚滅,故葬其君與書陳災同。杜不用二傳書葬、不書葬之例,專以爲我有往(往之會葬)則書,據此足見其例之不通。

傳：秋,大蒐于紅。自根牟(今山東莒縣西南)至于商、衞(商即宋。此"商、衞"指宋、衞邊境),革車千乘。

大蒐,數軍實(軍器、糧草等物資),簡(檢閱)車馬也。根牟,魯東界,琅邪陽都縣有牟鄉。商,宋地。魯西竟(同"境")接宋、衞也。言千乘,明大蒐,且見魯衆之大數也。

經無"大"字,傳有者,本爲方伯自簡車徒,特爲極大之事,較前後爲重,故經特書其事,而傳以"大"言之,與簡一州經書"大"之"大"文同而事異。

傳：冬,十一月,壬午,滅陳。輿①嬖(嬖,嬖大夫。言"輿"者,掌君之乘)袁克殺馬、毀(毀壞)玉以葬。

欲以非禮厚葬哀公。

服氏(服虔)云："馬,陳侯所乘；玉,陳侯所得。故不稱陳侯得之。"(按《正義》引服虔原作："馬,陳侯所乘馬；玉,陳侯所配玉。故殺馬毀玉,不欲使楚得之。")按,服說是也,非厚葬。

經：夏,四月,陳災。

陳既已滅,降爲楚縣,而書"陳災"者,猶晉之梁山沙

---

① "輿"字原脱,據《左傳》傳文補。

鹿崩不書"晉"。災害繫于所災所害,故以所在爲名。

名山大川不以封,故梁山沙鹿不繫晉。此書"陳災",存陳也。已爲楚縣,猶記災,使陳若未亡者然。陳,國名,非山川之比,蓋經惟內方伯得記災,故惟書宋、衛、陳、鄭災。楚爲外方伯,通不記災。杜據"赴告"、"我往"爲言,陳已滅,無赴告可言可知。陳爲楚邑,猶記災,二百四十二年中,楚不應全無災,不應全不告,又不應我皆不往。據此,足見當補中、外例。記災爲中、外尊卑儀注,非如杜例之説。

傳:伯父(天子稱同姓諸侯爲伯父)若裂冠毀冕(撕裂毀壞冠冕),拔木塞原(拔掉樹根,堵塞水源),專棄謀主(專斷而丟棄謀主),雖戎狄,其何有余①一人?

伯父猶然,則雖戎狄,無所可責。

至此乃稱晉爲"伯父",純待以二伯之禮。如楚,初待以小國禮,後乃同于方伯。

傳:九月,叔孫婼(chuò,魯大夫,叔孫豹庶子,又稱叔孫昭子)、齊國弱(齊大夫,又稱國景子)、宋華定(宋大夫,華椒孫)、衛北宮喜(衛大夫,又稱北宮貞子)、鄭罕虎(鄭大夫,字子皮)、許人、曹人、莒人、邾人、滕人、薛人、杞人、小邾人如晉,葬平公(晉平公)也。

經不書諸侯、大夫者,非盟會。

十三國皆往,惟書魯,此隱見例也。成十年"諸侯莫在",公送葬,魯諱之。(成公十年傳:"冬,葬晉景公。公送葬,諸侯莫在。魯人辱之,故不書,諱之也。")若諸國皆大夫會葬,惟魯爲君,此亦"諸侯不在"也。

---

① "余"原誤作"于",據《左傳》傳文改。

經：夏,四月,丁巳,楚子虔(楚靈王)誘蔡侯般(蔡靈侯),殺之于申(在今河南省南陽市北)。

蔡侯雖弒父而立,楚子誘而殺之,刑其羣士。蔡大夫深怨,故以楚子名告。

諸侯不生名,名則誅絕之罪,見楚子名,惡之也,豈曲循蔡人之怨而以名書之？

經：晉伐鮮虞(白狄別種之國,都城在今河北省正定縣北)。

不書將帥,史闕文。

狄晉(以晉爲狄)也。獨于此狄晉,從重。一狄之,見者不復見。

傳：齊侯、衛侯、鄭伯如晉,朝嗣君(嗣位之君,此指晉昭公)也。

晉昭公新立。

外相如(外諸侯互相朝聘)不書,據此可見。

經：十有三年,春,叔弓(魯大夫,又稱敬子、叔老子)帥師圍費(bì,費邑,在今山東省臨沂市費縣)。

不書南蒯(費邑宰)以費叛,不以告廟。

言圍費而叛可知。經無書內叛之文,爲內諱也。

經：夏,四月,楚公子比(字子干,官右尹)自晉歸于楚,弒其君虔(楚靈王)于乾谿(在今安徽省亳州市西南)。

比(公子比)去晉而不送(昭公元年經：“楚公子比出奔晉。”昭公十三年傳,叔向對曰：“無施於民,無援於外,去晉而不送,歸楚而不逆,何以冀國？”),書“歸”者,依陳、蔡以入,言陳、蔡猶列國也。比歸而靈王死，故書"弑其君"。靈王無道而弑(被弑)稱臣(稱臣之名)，比非首謀而反書"弑"，是①比雖脅立，猶以罪加也。靈王死在五月，又不在乾谿，楚人生失靈王，故本其始禍(始禍在四月)以赴之。

傳云"不送"，言比不得晉心耳，未嘗不藉晉力。言"自晉"，即可云"諸侯納之"，不必以陳、蔡言。陳、蔡初復，何能納比？楚君臣得失，直書而可見。經必書比弑，以見棄疾(公子棄疾，楚共王之子，後即位爲平王)之惡，不必以書臣爲君罪、臣罪之証。乾谿地，王死雖不在乾谿，禍由乾谿而起，故以目之，非赴以乾谿也。

經：楚公子棄疾殺公子比。

比雖爲君，而未列于諸侯，故不稱爵。殺不稱"人"，罪棄疾。

比雖會諸侯，無稱君之例。殺稱"人"、不稱"人"，不必以弑成君之例例之。

經：蔡侯廬(蔡平公)歸于蔡。陳侯吴(陳惠公)歸于陳。

陳、蔡皆受封于楚，故稱爵。諸侯納之曰"歸"。

"諸侯納之曰'歸'"，此大夫例，不必以説諸侯。"復其位曰'復歸'"，單言"歸"亦如此。陳、蔡已亡，言"歸"如未亡之辭，所以存二國也。

經：十有四年，春，意如(季孫意如，魯大夫，謐稱季平子)至自晉。

書"至"者，喜得免。(昭公十三年經云"晉人執季孫意如以歸"，至此始得免以歸魯。)

---

① "是"字衍，據《左傳》傳文當刪。

凡大夫至不書,惟執乃書。

傳:王曰:"叔氏①而忘諸乎?"

叔,籍談(晉國大夫)字。

賓稱伯氏,介稱叔氏,"叔"非字。

經:楚人及吳戰于長岸(在今安徽省當塗縣長江中的東西梁山,又名天門山)。

吳、楚兩敗,莫肯告負,故但書"戰"而不書"敗"也。

此略之不言敗,非"莫肯告負"。

傳:君子曰:"盡心力以事君,舍藥物可也。"

藥物有毒,當由醫,非凡人所知。譏止不舍藥物,所以加弒君之名。

此加損例。

經:二十年,春,王正月。夏,曹公孫會(曹大夫,宣公之孫,子臧之子)自鄸(mèng,曹邑,在今山東省菏澤市西北)出奔宋。

嘗有玉帛之使來告,故書。

傳例指大國而言,曹爲小國,無聘使之文,例不應書。此書爲變,不可以"玉帛之使"言之。

經:夏,四月,乙丑,天王(周景王)崩。六月,叔鞅(魯國大夫,叔弓之子)如京師葬景王,王室亂。

---

① "氏"原誤作"父",據《左傳》傳文改。

承叔鞅言而書之,未知誰是,故但曰"亂"。

"王室亂",言其嫡庶之難,不及外也。"承叔鞅言而書,未知誰是",孔子亦仍之耶? 似此立説殊爲侮經。

經:尹氏(周卿)**立王子朝**(周景王之長庶子)。

尹氏,周世卿也。書"尹氏立子朝",明非周人所欲立。

用二傳説。

傳:二十三年,春,王正月,壬寅,朔,二師(王師、晉師)**圍郊**(周邑)。

二師,王師、晉師也。王師不書,不以告。

《春秋》歸權二伯,不言王師,言晉即王師也,故不言王師征伐。《孟子》引孔子云"其事則齊桓、晉文"(語出《孟子·離婁上》)是也。

傳:書曰:"胡子髠(胡,國名,媯姓,在今安徽省阜陽市。髠,kūn,胡子名)**、沈子逞**(沈,國名,姬姓,在今安徽省阜陽市西北。逞,沈子名)**滅**(死。杜注:"國雖存,君死曰'滅'。")。**獲陳夏齧**(齧,niè。夏齧,陳大夫,夏徵舒玄孫)。"**君臣之辭也**。

國君,社稷之主,與宗廟共其存亡者,故稱"滅"。大夫輕,故曰"獲"。"獲",得也。

大夫生死皆曰"獲";諸侯生曰"獲",死曰"滅"。以同死也,君臣異詞,使生"獲",則不異詞。

經:冬,吳滅巢(楚邑,在今安徽省巢縣。廖氏以巢爲楚之附庸國)。

楚邑也。書"滅",用大師。
諸侯附于楚者。邑不言"滅",此吴報仇之師也。

經:冬,十月,戊辰,叔孫婼(chuò,魯國大夫,叔孫豹之子,謚稱叔孫昭子)**卒**。
公不與小斂而書日者,公在外,非無恩。
不必推益師,傳非通例也。(隱公元年經:"公子益師卒。"傳:"衆父卒,公不與小殮,故不書日。"推此傳例,公不與小殮,則不當書日。)

傳:十二月,庚辰,齊侯(齊景公)**圍郓**(yùn,在今山東省沂水縣東北)。
欲取以居公。不書"圍",郓人自服,不成圍。
不書"圍",易詞。言内不敢叛公也,不必論本事成圍、不成圍。

經:三月,公至自齊,居于郓。夏,公圍成(孟氏邑,在今山東省寧陽縣北)。
成,孟氏邑。不書齊師,帥賤衆少,重在公。
以公爲主,不必拘齊師之多少、將之尊卑。

經:尹氏、召伯、毛伯以王子朝(周景王之長庶子)**奔楚**。
"召伯"當曰"召氏",經誤也。尹、召族奔,非一人,故言"氏"。書"奔"在"王入"下者,(昭公二十六年經云:"冬,十月,天王入于成周。尹氏、召伯、毛伯以王子朝奔楚。")王入乃告諸侯。
經稱"尹氏",以見世卿之禍。言"氏",略賤以譏之。傳或緣以立義,于内外大夫多以"氏"言之。經言"召伯",不稱"氏",據傳稱"氏"以改經,謬妄之至。崔氏奔稱"氏",師以"舉族"言之,此專説崔氏,不可以他條推而説之。

《春秋》舉重,言奔多舉族以出,經録重者而已,不舉其族。誤讀傳文,遂以改經,謬妄之至。

傳：王子朝及召氏(指召簡公,王朝卿士,名盈,召莊公之子)**之族、毛伯得**(王朝卿士,名得,毛伯過之子)**、尹氏固**(王朝卿士,名固,諡稱尹文公)**、南宫嚚**(南宫極之子)**奉周之典籍以奔楚。**

尹、召二族皆奔,故稱"氏"。重見"尹固"名者,爲後還見殺。

召氏雖舉族,經仍以"伯"書之。《春秋》譏世卿,王臣言"尹氏",外臣言"崔氏",以示其例。已見不更見,不能因族而稱"氏"。如以族稱"氏",則奔者後多不見其族,則全經多以"氏"舉矣。

經：夏,四月,吴弑其君僚(吴王名)。

僚亟(屢次,多次)戰、民罷(疲,疲憊),又伐楚喪,故光(闔廬,後即位爲吴王)乘間(嫌隙)而動。稱國以弑,罪在僚。

吴與小國同例,不言大夫,不當據中國大國例説之。

經：楚殺其大夫郤宛(楚大夫)。

無極(費無極,楚國佞臣),楚之讒人。宛(郤宛)所明知而信近之,以取敗亡,故書名罪宛。

宛無罪,傳有明文。除宋、曹三不名,凡殺皆有名。杜以爲名則有罪,誣枉甚矣。楚殺大夫皆稱國,不稱"人"殺,略之也。有罪、無罪,傳自言之,經不詳也。

經：邾快來奔。

快,邾命卿(天子策命之卿)也,故書。

小國無命卿。大夫盟會不見經,惟于魯事間書之,書則不氏。此爲來奔,故書,非邾如大國有命卿。杜説甚謬。

經：冬,十有二月,吴滅徐,徐子章禹（章禹,一作"張禹"。"羽"、"禹"古音同）**奔楚。**

徐子稱名,以名告也。

失地,名(稱名),非告詞。失地不皆名者,國有存亡,罪有大小,不能執一不名之事以駁名、不名之例。

經：冬,黑肱（邾國大夫）**以濫**（邾邑）**來奔。**

黑肱,邾大夫。濫,東海昌慮縣（治所在今山東省滕州市東南）。**不書"邾",史闕文。**

"不書邾",口繋邾。黑肱與快（邾快。昭公二十七年經云："邾快來奔。"）同爲邾卿,小國之卿如大國大夫,黑肱與快無貴賤之分。

傳：三十一年,春,王正月,公在乾侯（晉邑,在今河北省成安縣南）**,言不能外内**（不爲外内所容,詳杜注）**也。**

公内不容于臣子,外不容于齊、晉,所以久在乾侯。

"内"當爲"公"字之誤,不能"外公",故書"公在"。

傳：邾庶其、莒牟夷、邾黑肱以土地出,求食而已,不求其名,賤而必書。

《春秋》叛者多矣,惟取三人來適魯者,三人皆小國大夫,故曰"賤"。

三人皆小國卿,非大夫。

經：三十有二年，春，王正月，公在乾侯，取闞(不知具體所在)。

公別居乾侯，遣人誘闞而取之，不用師徒。
_{經以易詞(書"取"，言易也)言之，不問用師徒不用。}

經：冬，仲孫何忌(魯大夫，又稱孟懿子，孟僖子之子)會晉韓不信(晉大夫，又稱韓簡子，韓起之孫)、齊高張(齊大夫，又稱高昭子，高偃之子)、宋仲幾(宋大夫，時爲左師，仲江之子)、衛世叔申(衛大夫，世叔儀之孫)、鄭國參(鄭大夫，字子思，子產之子)、曹人、莒人、薛人、杞人、小邾人城成周(王城，在今河南省洛陽市東，偃師縣西)。

世叔申，世叔儀孫也。國參，子產之子。不書盟時，公在外，未及告公，公已薨(昭公三十二年經："十有二月，己未，公薨于乾侯。")。

不書盟，不可以盟于王城也。不爲告公乃書，公出而書盟者多，不必皆告。若以告爲言，即成周亦不當書也。

定公篇第十一

經：元年，春，王。

公之始年而不書"正月"，公即位在六月故。
_{用二傳說。}

經：夏，六月，癸亥，公(魯昭公)之喪至自乾侯。

告于廟，故書"至"。
_{喪至重事，例書，不必言告廟不告。}

經：戊辰，公（定公，名宋，襄公之子，昭公之弟）即位。

定公不得以正月即位，失其時，故詳而日之，記事之宜，無義例。

"詳而日之"，即義例也。日、時不過以見詳略，紀事之宜，即此是例，非必非常可駭乃爲義例。

傳：六月，癸亥，公之喪至自乾侯。戊辰，公即位。

諸侯薨，五日而殯，殯則嗣子即位。癸亥，昭公喪至，五日殯于宮，定公乃即位。

本二傳説。

經：劉卷（即劉蚠，天子大夫）卒。

劉子奉命出盟召陵，死則天王爲告同盟，故不具爵。

王臣不言爵。書"卒"，亦不以同盟之故。

經：庚辰，吳入郢（楚都，在今湖北省江陵縣附近）。

弗地曰"入"。吳不稱"子"，史略文。

吳不稱"子"，狄之。善事稱"子"，惡事狄之，經本有此例。

傳：晉文公爲踐土之盟（盟在僖公二十八年），衛成公不在（在盟），夷叔，其母弟（衛成公同母弟）也，猶先蔡（踐土、召陵二會，經書蔡在衛上）。

踐土、召陵二會（召陵之盟在僖公四年），經書蔡在衛上，霸主以國大小之序也。子魚所言盟歃之次。

載書（盟書，會盟時所訂的誓約文書）本蔡在衛下，經以衛子初立，改于蔡下，所謂以年也。

經：秋,晉人執宋行人樂祁犁(宋大夫,字子梁,子罕之孫)。

稱"行人",言非其罪。

<small>用二傳説。</small>

經：季孫斯(魯大夫,又稱季桓子,季孫意如之子)、仲孫忌(仲孫何忌,魯大夫,又稱孟懿子,孟僖子之子)帥師圍鄆。

"何忌"不言"何",闕文。鄆貳(兩屬)于齊,故圍之。

<small>不用《公羊》説,以爲孔子以後之闕文可也,不可以爲史闕。</small>

傳：凡獲器用曰"得",得用焉曰"獲"。

謂用器物以有獲,若麟爲田獲,俘爲戰獲。

<small>謂生物、死物之分。死物不動,但曰"得";生物有變動,則曰"獲"。("得"與"獲")亦難易之詞。</small>

經：晉趙鞅(晉大夫,又稱趙簡子,趙武之孫)歸于晉。

韓、魏請而復之,故曰"歸"。言韓、魏之彊(同"強"),猶列國。

<small>"入"爲惡辭,"歸"爲善辭。在本國不必以諸侯納之爲例。</small>

經：五月,於(發語詞,無義)越敗吳于檇李(在今浙江省嘉興市南)。

使罪人詐吳亂陳(同"陣"。下同),故從未陳之例,書"敗"也。

<small>此變例,不必言已陳、未陳。</small>

傳：秋，七月，壬申，姒氏（定公夫人）卒。不稱"夫人"，不赴，且不祔也。

赴同、祔姑，夫人之禮，二者皆闕，故不曰"夫人"。

赴同，夫人之禮。姒氏，妾母，不用其禮。傳微其詞，不直言非夫人，但以禮節言之。

傳：葬定姒（定公夫人。定爲其夫魯定公謚號），不稱"小君"（諸侯夫人曰"小君"），不成喪也。

公未葬而夫人薨，煩于喪禮，不赴、不祔，故不稱"小君"，臣子怠慢也。反哭于寢，故書"葬"。

妾母不稱"夫人"，（廖氏以定姒爲定公庶母）自應不稱"小君"。以不成喪爲言者，不成夫人之喪也，非以不赴、不祔乃不稱"小君"，亦非以禮煩而怠慢。

哀公篇第十二

經：楚子（楚昭王）、陳侯（陳閔公）、隨侯、許（定公六年，鄭滅許，此復見者，蓋楚封之）男圍蔡。

隨世服于楚，不通中國。吳之入楚，昭王（楚昭王）奔隨，隨人免之，（楚昭王）卒復楚國。楚人德之，使列于諸侯，故得見經。

隨非不通中國，不在十九國之數，經不常叙之耳。經于此一書，以備卒正之數（《禮記·王制》："天子百里之内以共官，千里之内以爲禦。千里之外，設方伯。五國以爲屬，屬有長；十國以爲連，連有帥；三十國以爲卒，卒有正；二百一十國以爲州，州有伯。八州八伯，五十六正，百六十八帥，三百三十六長。"以此論之，蓋"卒正"有常數），非楚列之諸侯乃見經。

傳：三月,越及吳平(講和)。吳入越,不書,吳不告慶(勝利),越不告敗也。

嫌夷狄不與華同,故復發傳。

經書、不書不以告、不告爲據。史不書以不告,經不書以略夷狄。此經、史皆不書,故傳以不告爲説。

傳：齊侯、衛侯會于乾侯,救范氏也。師及齊師、衛孔圉(衛大夫,又稱孔文子,孔羈之孫)、鮮虞(白狄別種之國,都城在今河北省正定縣北)人伐晉,取棘蒲(在今河北省趙縣)。

魯師不書,非公命也。孔圉,孔烝鉏曾孫。鮮虞狄師①賤,故不書。

非公命而書者多矣,此略之,故内、外皆不書。

經：二年,春,王二月,季孫斯、叔孫州仇(魯大夫,又稱叔孫武叔,叔孫不敢之子)、仲孫何忌帥師伐邾,取漷東(漷水之東,在今山東省滕州市)田及沂西(沂水之西,亦在今山東省滕州市)田。

邾人以賂,取之易也。

言帥師伐取,非易辭。

經：三年,春,齊國夏(齊大夫,又稱國惠子,國佐之孫)、衛石曼姑(衛大夫,石碏之後)帥師圍戚(衛邑,在今河南省濮陽縣北)。

曼姑爲子圍父,知其不義,故推齊使爲兵首。戚不稱"衛",非叛人。

戚不繫衛,不使得圍戚也。齊爲二伯,得主兵。《春秋》以齊先衛,非衛

---

① "師"原誤作"帥",據《左傳》杜注改。

推齊乃先齊。

經：四年，春，王二月，庚戌，盜殺蔡侯申（蔡昭公）。

賤者，故稱"盜"。不言弒其君，賤盜也。

本《穀梁》說。

經：晉人執戎蠻子赤（戎，西戎。蠻，國名。子，爵。赤，蠻子名）**歸于楚**。

晉恥爲楚執諸侯，故稱"人"以告，若蠻子不道于其民也。赤本屬楚，故言"歸"。

夷狄不當以諸侯例之。"赤歸于楚"句避伯晉而京師楚也。

經：六月，辛丑，亳社（社廟）**災**。

亳社，殷社，諸侯有之，所以戒亡國。

用二傳說。

經：夏，齊國夏（齊卿，又稱國惠子，國佐之孫）**及高張**（齊卿，又稱高昭子，高偃之子）**來奔**。

二子（國夏、高張）阿（阿諛，迎合諂媚）君，廢長立少，既受命，又不能全。書名，罪之也。

罪之有無，不當據書名定之。

經：齊陽生（齊景公庶子，上年逃于魯，後即位爲悼公）**入于齊**。

爲陳乞（齊大夫，又稱陳僖子）所逆，故書"入"。

傳例"國逆而逆之"，"逆順"之"逆"，非迎逆。傳例"以惡曰'復入'"，包"入"而言。凡言"入",皆惡也,不爲國逆之事言"入"。

經:秋,公伐邾。八月,己酉,入邾,以邾子益(邾子名)**來。**

他國言"歸",于魯言"來",外内之辭。

<small>此内外例。</small>

經:八年,春,王正月,宋公(宋景公)**入曹,以曹伯陽**(曹伯名)**歸。**

曹人背晉而奸宋,是以致討。宋公既還,而不忍褚師(宋大夫)之詬(詈辱),怒而反兵,一舉滅曹,滅非本志,故以"入"告。

<small>曹同姓之國,諱□言"入",不爲探其本志。</small>

經:夏,齊人取讙(huān,在今山東省寧陽縣北)**及闡**(在今山東省寧陽縣東北)**。**

不書"伐",兵未加而魯與之邑。闡在東平剛縣北。

<small>言"取"二邑,則伐可知。内取邑爲重,伐爲輕,傳無"兵未加而魯與邑"之文。</small>

經:衛公孟彄(衛大夫,孟縶之子)**自齊歸于衛。**

書"歸",齊納之。

<small>言"自齊歸",則是諸侯納之可知。</small>

經:冬,楚公子結帥師伐陳。吳救陳。

季子(季札)不書,陳人來告不以名。

吳無大夫。聘，美事，一見季子，言使以明方伯之例。兵事不言大夫，與秦同。外告不以名。

傳：冉有（名求，字子有，孔子弟子）**用矛于齊師，故能入其軍。孔子曰："義也。"**

不書"戰"，不皆陳（同"陣"）也；不書"敗"，勝負不殊。

不書"戰"、"敗"，略之，爲下有大戰。

經：夏，五月，甲辰，孟子（昭公夫人）**卒。**

魯人諱取同姓（娶于吳，吳爲姬姓，故曰"同姓"），謂之孟子。《春秋》不改，所以順時。

春秋時，娶妾不以同姓爲諱，《春秋》改制，乃諱之。非時人所已明，《春秋》乃順之。

傳：死不赴（赴告于同盟諸侯）**，故不稱"夫人"；不反哭**（葬後返回，哭于寢）**，故不言"葬小君"。**

"反哭"者，夫人禮也。以同姓，故不成其夫人喪。

當日實反哭，經以不反哭禮待之耳。

傳：九月，宋向巢（宋大夫，向戌之孫）**伐鄭，取錫**（宋、鄭間閒田）**，殺元公**（宋元公）**之孫，遂圍嵒**（宋、鄭間閒田）**。十二月，鄭罕達**（鄭大夫，字子贖，子皮之孫）**救。丙申，圍宋師。**

此事經在"十有①二月，螽"上，今倒在下，更具列其月以爲別者，丘明本不以爲義例，故不皆齊同。

---

① "有"字原脱，據《左傳》經文補。

此劉氏引傳解經時之失檢,非左氏不以爲史例。

經:公會晉侯(晉定公)**及吳子**(吳王夫差)**于黃池**(或謂在今河南省封丘縣)。

夫差欲霸中國,尊天子,自去其僭號(不稱吳王)而稱"子",以告令①諸侯,故史承而書之。

司馬氏說:"吳、楚之君,王也,而《春秋》貶之曰'子'。"(語出《史記·孔子世家》)非自去其號,史承而書之。

---

① "令"原誤作"今",據《左傳》杜注改。

《春秋左傳杜氏集解辨正》補遺

井研　廖平　譔

　　傳：初，公孫無知（齊僖公侄，齊桓公堂兄弟）**虐于雍廩**（或謂邑名，或謂齊大夫）。莊八年

　　集解：雍廩，齊大夫。爲殺無知傳。

　　辨正：傳本連下爲文，杜以傳附經，乃割裂之。以"爲殺無知傳"，非是。

　　經：曹羈出奔陳。莊二十四年

　　集解：羈，蓋曹世子也。先君即葬而不書爵者，微弱不能自定，曹人以名赴。

　　辨正：以羈爲曹世子，望文生義。

　　經：赤歸于曹。莊二十四年

　　集解：赤，曹僖公也。蓋爲戎所納，故曰"歸"。

　　辨正：《曹世家》（《史記·曹參世家》）無此文。

　　經：秋，七月，齊侯使國佐（齊卿，又稱國武子，國歸父之子）**如師。己酉，及齊國佐盟于袁婁**（即爰婁，在今山東省淄博市西）。成二年

　　集解：《穀梁》曰："犖（在今山東省濟南市歷城區）去齊五百

里,袁婁去齊五十里。"

辨正:用《穀梁》説。

經:秋,七月,天子(周簡王)使召伯(召桓公)來錫(同"賜")公命。成八年

集解:天子、天王,王者之通稱。

辨正:本二傳説。

經:晉侯使士燮(晉大夫,又稱范文子,士會之子)來聘,叔孫僑①如(魯大夫,叔孫得臣之子)會晉士燮。齊人、邾人伐郯(tán,在今山東省郯城市北)。成八年

集解:先謀而稱"會",盟主之命不同之於列國。

辨正:足見《春秋》無達例(通例),不可一端求之。

經:衛人來媵。成八年

集解:古者諸侯取(同"娶"),適(同"嫡")夫人及左右媵各有姪娣,皆同姓之國。國三人,凡九女,所以廣繼嗣也。魯將嫁伯姬於宋,故衛來媵之。

辨正:用博士説,《春秋》制也,周禮實不如此。

經:春,晉侯(晉厲公)使郤錡(晉大夫,郤克之子)來乞師(请求出兵援助)。成十三年

集解:侯伯當召兵而"乞師",謙辭。

---

① "僑"原誤作"喬",據《左傳》經文改。

辨正：乞師重事，故內外相同，非晉自謙而經乃書"乞"。

主要參考書目

阮元校刻：《十三經注疏·春秋左傳正義》，中華書局，1979年。
阮元校刻：《十三經注疏·春秋公羊傳注疏》，中華書局，1979年。
阮元校刻：《十三經注疏·春秋穀梁傳注疏》，中華書局，1979年。
李學勤主編：《十三經注疏·春秋左傳正義》（標點本），北京大學出版社，1999年。
李學勤主編：《十三經注疏·春秋公羊傳注疏》（標點本），北京大學出版社，1999年。
李學勤主編：《十三經注疏·春秋穀梁傳注疏》（標點本），北京大學出版社，1999年。
顧棟高輯，吳樹平、李解民點校：《春秋大事表》，中華書局，1993年。
洪亮吉撰，李解民點校：《春秋左傳詁》，中華書局，1987年。
廖平撰，郜積意點校：《穀梁古義疏》，中華書局，2012年。
楊伯峻：《春秋左傳注》，中華書局，1981年。
楊伯峻、徐提編：《春秋左傳詞典》，中華書局，1985年。
李夢生：《左傳譯注》，上海古籍出版社，2004年。
王維堤、唐書文：《春秋公羊傳譯注》，上海古籍出版社，2004年。
黃銘、曾亦譯注：《春秋公羊傳》，中華書局，2016年。
承載：《春秋穀梁傳譯注》，上海古籍出版社，2004年。
舒大剛、楊世文主編：《廖平全集》，上海古籍出版社，2015年。
李燿仙主編：《廖平選集》，巴蜀書社，1998年。
許慎撰，段玉裁注：《説文解字注》，上海古籍出版社，1988年。

图书在版编目(CIP)数据

春秋左传杜氏集解辨正 /（清）廖平著；陈绪波校注. --上海：华东师范大学出版社，2020
　ISBN 978-7-5760-0276-8

Ⅰ.①春… Ⅱ.①廖… ②陈… Ⅲ.①中国历史-春秋时代-编年体 ②《左传》-研究 Ⅳ.①K225.04

中国版本图书馆 CIP 数据核字(2020)第 050052 号

本书著作权、版式和装帧设计受世界版权公约和中华人民共和国著作权法保护

廖平集
春秋左传杜氏集解辨正

著　　者　廖　平
校 注 者　陈绪波
责任编辑　彭文曼
特约审读　饶　品
责任校对　王寅军
封面设计　吴元瑛

出版发行　华东师范大学出版社
社　　址　上海市中山北路3663号　邮编　200062
网　　址　www.ecnupress.com.cn
电　　话　021-60821666　行政传真　021-62572105
客服电话　021-62865537　门市（邮购）电话　021-62869887
地　　址　上海市中山北路3663号华东师范大学校内先锋路口
网　　店　http://hdsdcbs.tmall.com

印 刷 者　上海盛隆印务有限公司
开　　本　890×1240　1/32
插　　页　2
印　　张　5.5
字　　数　100千字
版　　次　2020年9月第1版
印　　次　2020年9月第1次
书　　号　ISBN 978-7-5760-0276-8
定　　价　38.00元

出 版 人　王　焰

（如发现本版图书有印订质量问题，请寄回本社客服中心调换或电话021-62865537联系）